KB066521

21가지 음식으로 시작하는

하루 한입
세계사

21가지 음식으로 시작하는

하루 한입
세계사

윤덕노 글 | 염예슬 그림

주니어김영사

음식을 통해 바라본 세상 이야기

이 책은 요즘 유행하는 '먹방'이나 '쿡방'처럼 눈과 귀를 즐겁게 하는 음식 이야기가 아니다. 음식을 통해 인류가 살아 온 이야기, 즉 인류의 역사를 담았다.

하지만 우리가 수업 시간에 배워야 할 역사 교과서의 내용만 해도 그 양이 만만치 않다. 정치, 경제, 사회, 문화, 예술을 포함해 공부할 범위가 넓은데 왜 음식을 통해서까지 역사를 알아야 하느냐고 반문할 수 있다.

그렇지만 조금만 생각을 달리해 보면 음식은 단순한 먹거리 그 이상이다. 역사 인물부터 현재를 살고 있는 우리 모습까지 먹고 마시며 웃고 울고 살았던 이야기들이 음식 속에 고스란히 녹아 있다. 그러니 어찌 보면 음식이야말로 생생한 역사 그 자체라고 할 수 있다.

예를 들어 많은 사람이 즐겨 먹는 프라이드치킨은 교과서 어

디에도 찾아볼 수 없다. 하지만 조금만 관심을 기울여 보면 놀라운 역사를 무더기로 발견할 수 있다. 프라이드치킨은 미국의 남북 전쟁, 노예 경제, 당시의 사회 구조를 비롯해 정치, 경제, 사회, 기후 조건 등이 모두 어우러져 만들어진 음식이기 때문이다. 이렇게 음식을 통해 세상을 들여다보면 사람들이 살아 온 이야기, 뜻밖의 역사를 발견할 수 있다.

음식을 통해 세계사를 공부하는 것은 세상에 대한 호기심을 키워야 할 청소년들이 고정된 시각, 정해진 규칙만이 아니라 다양한 방법으로 세상을 보면 미처 알지 못했던 또 다른 것을 발견할 수 있게 시야를 넓히는 일이 될 것이다.

윤덕노

하루 한입 과학사

하루 한입 정치사

하루 한입
경제사

우리 식탁 위에 놓인 모든 음식은 저절로 생긴 것이
아니다. 우리가 먹는 음식 하나하나가 그 음식을 얻기
위해 인류가 치열하게 벌인 경제 활동의 소중한 결과
물이다.

흑인의 바삭바삭한 소울 푸드, 프라이드치킨

닭고기를 기름에 튀긴 프라이드치킨은 누가 처음 먹기 시작했을까? 프라이드치킨은 원래 가난한 흑인 노예들이 먹던 음식에서 발달했다. 흑인 노예들은 어떻게 프라이드치킨을 먹게 되었는지 자세히 알아보자.

먹을 것이 부족했던 흑인의 소울 푸드

프라이드치킨은 만들어진 배경이 무척 복잡한 음식이다. 미국의 노예 제도와 흑백 인종 차별과 밀접한 관련이 있다. 또한 18, 19세기 노예 제도가 중심이 된 미국 남부의 경제 구조, 이민의 역사, 특히 잉글랜드와 스코틀랜드 이민 역사와도 관계가 있다. 이렇게 미국의 정치,

경제, 사회, 문화 현상이 얽히고설키며 만들어진 것이 프라이드치킨이다.

미국에서는 프라이드치킨을 흑인의 '소울 푸드'라고 부른다. 소울음악에 빗대어 생긴 말이다. 흑인 노예가 불렀던 절망적인 영혼의 울림이 담겨 있는 노래 말이다. 프라이드치킨 역시 소울 음악처럼 미국 흑인 노예가 겪었던 고달픈 삶과 인생의 애환이 프라이드치킨에 고스란히 녹아 있다.

프라이드치킨에 얽힌 역사를 알려면 먼저 미국 닭고기 요리의 역사부터 살펴봐야 한다.

뉴욕을 비롯한 미국 동부에서는 주로 장작불에 닭을 구운 통닭구이를 많이 먹었다. 반면 남부에서는 닭고기를 기름에 튀겨 먹는 것을 좋아했다.

통닭구이는 영국 중에서도 잉글랜드 요리이다. 반면 튀긴 치킨은 스코틀랜드 음식이다. 영국인이 신대륙인 미국에 건너왔을 때 잉글랜드 출신은 주로 동부, 스코틀랜드 출신은 남부에 정착했다. 자연스레 남부에서는 튀긴 치킨이 발달하게 되었다.

그런데 미국 남부의 튀긴 치킨을 오늘날의 프라이드치킨으로 발전시킨 것은 흑인 노예였다. 아프리카 흑인이 노예로 미국에 팔려 오면서 농장 주인집의 주방 일 역시 흑인 하녀의 몫이 되었다. 주인의 입맛에 맞춰 조리하다 보니 닭고기를 프라이팬에 기름을 두르고 지지거나 튀겼다. 그러면서 자신들이 먹는 닭고기도 주인집 주방에서 배운 대로 튀김으로 요리했다. 손에 익은 조리법이기도 했지만 사실은 튀기지 않으면 도저히 먹을 수 없었기 때문이었다.

흑인 하녀가 가족과 자신이 먹으려고 요리했던 닭고기는 제대로 된 음식이 아니었다. 주인이 먹지 않는 부위, 이를테면 닭 모가지나 닭발, 닭 날개 등이었다. 지금이야 닭 날개나 닭발의 맛이 좋고 콜라겐도 풍부해서 다른 부위보다 비싸고 인기가 많지만, 예전에는 쉽게 상하는 부위라 먹지 않고 버리거나 기껏 해 봐야 육수를 만드는 데 사용했다.

냉장고도 없던 시절이었으니 이런 부위를 먹으려면 튀기는 것이 최선이었다. 이 때문에 하녀는 주인집에서처럼 프라이팬에 기름을 두르고 닭고기를 튀겨서, 아프리카에서 먹었던 것처럼 양념을 발랐다. 그

리고 허드레 부위의 냄새를 없애기 위해 들판에서 구한 허브를 뿌려 먹음직스럽고 향까지 좋은 프라이드치킨을 만들었다.

프라이드치킨이 흑인의 소울 푸드가 되었던 또 다른 이유는 흑인 노예가 먹을 수 있었던 유일한 고기가 닭뿐이었기 때문이다. 닭은 주인이 노예에게 키우도록 허락한 유일한 가축이었다. 대부분의 노예는 해방된 이후에도 재산이 없었기 때문에 계속 노예 생활을 했다. 그래서 흑인 노예들은 여전히 닭 이외에 다른 동물은 키울 수 없었다. 소를 키우려면 베어 먹일 풀을 기를 초지가 필요했다. 또 돼지를 키우려해도 사료로 줄 도토리나 옥수수, 감자 또는 음식물 찌꺼기라도 있어야 했다. 하지만 당시에는 사람이 먹을 음식도 부족했으니 닭 이외에는 다른 가축은 기를 엄두도 내지 못했다.

미국 남부의 농업을 바꾸다

프라이드치킨이 만들어진 과정을 또 다른 관점에서 보면 흥미로운 미국 경제사를 엿볼 수 있다. 프라이드치킨은 단순하게 흑인의 훌륭한 음식 솜씨로 만든 요리가 아니라 미국 남부의 경제 구조 덕분에 생겨났기 때문이다.

프라이드치킨은 끓는 기름에 재료를 푹 담아 튀기는 '딥 프라이드' 방식으로 튀긴다. 이 요리법은 18, 19세기 미국 남부에서 시작되었다.

지금은 튀김 요리를 만들 때 올리브기름을 비롯한 고급 식용유를 쓴다. 이전에는 식물성 콩기름을 사용했고 그 이전에는 '라드'라고 하는 동물성 돼지기름을 사용했다. 그런데 이 돼지기름 덕분에 새로운 튀김 요리법인 딥 프라이드 방식이 생겼다.

미국 남부와 영국 스코틀랜드 방식의 튀김 요리는 프라이팬에 기름을 두르고, 전을 부치는 것처럼 고기를 지지거나 기름을 조금 더 많이 붓고 튀기는 방식이었다. 우리나라에서 빈대떡을 부치는 것과 크게 다르지 않다. 당시에는 미국도 기름이 귀했던 시절이었기에 지금처럼 튀김 재료가 푹 담길 만큼 기름을 많이 쓰는 딥 프라이드 조리법은 꿈도 꿀 수 없었다.

그런데 미국 남부에서 농업이 발달하면서 튀김 요리에 변화가 생겼다. 남부에서는 흑인 노예를 이용해 면화와 땅콩, 옥수수를 대량으로 재배했다. 그러다 보니 농사를 짓고 난 후에 부산물이 많이 생겼다. 이렇게 돼지에게 먹일 수 있는 사료가 늘어나다 보니 자연스럽게 양돈업이 발달하기 시작했다.

예전에는 미국 하면 카우보이와 소 떼 그리고 스테이크를 떠올렸다. 그래서 옛날부터 드넓은 초원에서 소를 키우는 목축업이 발달했을 것으로 생각한다. 물론 여기에는 카우보이가 소 떼를 몰고 초원을 가로지르는 서부 영화도 한몫했다. 하지만 그것은 초지가 풍부한 서부의 이야기다. 18, 19세기의 미국 남부는 양돈업이 중심이었다. 소에게 먹일 풀보다 돼지에게 먹일 옥수수와 땅콩이 훨씬 많았기 때문이다.

이런 이유로 양돈업이 발달한 덕분에 돼지기름이 풍부해져 예전처럼 기름을 아껴 가며 요리할 필요가 없어졌다. 자연스럽게 펄펄 끓는 기름에 재료를 푹 담가서 고온에 순간적으로 튀겨 내는 딥 프라이드 요리법이 발달했다.

순간적으로 기름에 고기를 튀길 때는 투박한 돼지고기보다는 연한 닭고기가 더 어울린다. 그러다 보니 한 번에 튀기기 좋은 어린 닭을 사용하게 되고 프라이드치킨이 더욱 맛있어졌다. 프라이드치킨 산업이 발달할 수밖에 없었던 것이다.

한편 프라이드치킨이 외식 산업으로 발전한 데에는 엉뚱하게도 남부의 뿌리 깊은 인종 차별도 한몫했다. 노예 제도가 폐지되고 남북 전쟁이 끝났지만 흑인은 여전히 심각한 인종 차별에 시달렸다. 특히 오랫동안 흑백 분리 정책을 실시했던 남부에서는 여전히 흑인은 레스토랑에도 들어갈 수 없었다.

흑인 전용 레스토랑이 생기기 전까지 흑인은 외식을 할 수 없었다. 그래서 일요일 예배가 끝난 후 종종 가족과 야외로 나들이를 가면서 특별히 준비한 음식이 프라이드치킨이다. 미국 남부는 날씨가 더운 지역이라 음식이 쉽게 상해서 튀김 요리가 맞춤이었다. 게다가 프라이드치킨은 흑인 주부가 어떤 요리보다도 가장 맛있게 만들 수 있는 음식이었다.

그런데 백인이 프라이드치킨을 보며 군침을 삼켰다. 하지만 백인은 체면 때문에 대 놓고 먹기가 쉽지 않았다. 그러다 보니 백인이 주위 눈치를 보지 않고 프라이드치킨을 먹기 시작한 것은 불과 100년 남짓밖에 되지 않는다. 프라이드치킨은 20세기가 지나고 나서야 비로소

미국이 독립한 후, 남부는 흑인들을 노예로 부려서 생산하는 농업 중심으로, 북부는 공장에서 물건을 만드는 제조업 중심으로 발달했다. 그러면서 관세를 내는 방식과 흑인 노예를 바라보는 시각이 달라졌고 결국 남북 전쟁이 일어나게 되었다. 북부가 승리하면서 노예 제도도 폐지되었다.

흑인 음식이라는 인식이 사라졌다.

이처럼 프라이드치킨 한 조각이 우리 입속으로 들어오기까지의 과
정은 꽤나 복잡했다.

아시아에서 온 귀한 젓갈, 토마토케첩

토마토케첩의 뿌리는 생선 젓갈이다. 그런데 케첩을 만드는 여러 가지 재료 중에서 생선 젓갈은 아무리 눈을 씻고 찾아봐도 보이지 않는다. 도대체 무슨 이유로 토마토케첩의 뿌리가 생선 젓갈이라고 말하는 것일까?

케첩이란 말이 중국어라고?

케첩은 어느 나라 말일까? 당연히 영어가 아닐까 생각하겠지만 어원은 동남아시아에서 비롯되었다. 토마토라는 영어 단어가 남미 원주민인 인디오의 언어에서 비롯된 것처럼 말이다. 케첩은 중국 남부와 동남아시아 일대에서 쓰는 언어인 민난 어에서 생겨났다. 민난 어는 지금의 중국 남부 푸젠 성과 타이완에서 사용하는 중국어 사투리로 동남아시아 일부에서 쓰는 언어다.

그렇다면 케첩을 한자로도 쓸 수 있을까? 鮭(생선 규), 汁(국물 즙) 생선 국물, 즉 생선 젓갈이라는 뜻이다. 물론 현대 중국어로는 케첩을 鮭汁(규즙)이라고는 하지 않는다. 약 400년 전에 영국에 전해진 글자이기 때문이다.

케첩이 한자에 뿌리를 두고 있다는 사실을 믿을 수 없다면 영어로 옮겨진 과정을 살펴보면 이해할 수 있을 것이다. 우리말로 규즙이라는 글자를 영어로 옮기면 Kyu cheup이라고 쓰게 된다. 중국어로는 '구이 쯔'라고 읽고 다시 영어로 옮기면 Gui Zhi. 타이완을 비롯한 중국 남부에서는 쾨챱이라고 읽고 Koe Chiap이라고 적는다.

영국 무역상들이 중국 남부와 동남아시아 일대에서 생선 젓갈을 구

해 유럽으로 가져갔고, 현지 사람들이 발음하는 대로 쾨챱을 영어로 옮겨 적으면서 지금의 케첩이 된 것이다.

그러니까 우리가 지금 먹는 토마토케첩의 뿌리는 아시아의 생선 젓갈이고 케첩이라는 말도 원래 생선 젓갈이라는 뜻이다.

아시아에서 온 귀한 생선 젓갈

서양 음식인 줄만 알았던 케첩의 뿌리가 아시아의 생선 젓갈이고 중국어 사투리라는 사실이 뜻밖일 것이다. 하지만 여기서 그친다면 단순한 에피소드에 지나지 않는다. 진짜 중요하고 궁금한 것은 왜 아시아의 생선 젓갈이 영국으로 건너갔다가 다시 미국으로 전해져 토마토케첩으로 바뀌었을까 하는 것이다.

지금으로부터 약 400년 전인 16세기 중반에서 17세기 초에 유럽 인들이 아시아로 몰려오기 시작했다. 우리나라 역사와 비교하자면 조선 시대 임진왜란을 전후한 시기다. 콜럼버스가 향신료를 찾아서 아시아로 가려다가 아메리카 대륙을 발견한 것도 이 무렵이다.

유럽 인은 후추와 생강, 계피 등을 비롯해 유럽에 없는 조미료를 찾기 위해 아시아로 왔다. 후추나 계피, 정향, 육두구와 같은 향신료를 비싼 값을 받고 팔아 큰돈을 벌 수 있었기에 네덜란드와 영국 같은 나라에서는 동인도 회사를 차려 향신료 무역에 열을 올

동인도 회사
17세기에 유럽이 인도 및 동남아시아와 무역 하기 위해 동인도에 세운 무역 독점 회사. 특히 영국의 동인도 회사는 나중에 인도를 식민지화하는 정치적 성격을 띄었다.

19

렸다.

동남아시아의 생선 젓갈도 동인도 회사의 주요 교역 품목 중 하나였다. 베트남이나 태국을 비롯한 동남아시아와 중국 남부에서 생선 젓갈을 헐값에 사들여 유럽에 가져가면 아시아에서 온 신비한 조미료라며 비싼 값에 팔렸다.

그런데 유럽에서는 직접 젓갈을 담가 먹어도 될 텐데 왜 굳이 머나먼 아시아에서 냄새나는 생선 젓갈을 수입해 비싸게 사 먹었던 것일까?

유럽에는 생선 젓갈이 없었기 때문이었다. 고대에는 유럽에도 생선 젓갈이 있었다. 로마 시대에는 서양 멸치인 앤초비로 담근 젓갈이 있었고 요리에 조미료로 폭넓게 쓰였다.

하지만 유럽의 생선 젓갈은 로마 제국의 멸망과 함께 주방에서 사라졌다. 가장 큰 이유는 소금 때문이었다. 소금은 많이 먹으면 건강에 안 좋지만 음식에 절대 빠져서는 안 되는 필수품이다. 소금이 없으면 사람을 비롯해 모든 동물이 살 수 없기 때문이다.

로마 제국의 멸망 이후 중세 유럽의 봉건 영주들이 가장 손쉽게 재정 수입을 늘리는 방법은 소금에 세금을 부과하는 것이었다. 로마 시대에는 비교적 자유롭게 거래되던 소금에 무거운 세금이 매겨지면서 더 이상 소금이 대량으로 들어가는 젓갈을 만들 수 없게 되었다. 이러한 소금 세는 지역에 따라 다르기는 하나 수백 년 동안 이어졌다. 프랑스 혁명도 서민에게 매기는 가벨이라는 소금 세 인상과 계속되는 흉년으로 인해 빵값이 폭등하면서 비롯되었다. 그러면서 유럽에서 생선 젓갈이 점차 사라지게 되었다.

비싼 젓갈을 빼고 값싼 케첩을 만들다

비싼 생선 젓갈을 어떻게 먹는 게 좋을까? 아껴 먹는 것도 중요하지만 어떻게 해서든지 최대한 양을 불려야 했다. 이 때문에 생선 젓갈에다 버섯도 넣고 호두도 넣고 굴도 넣고, 함께 아시아에서 수입한 후추와 생강 같은 값비싼 향신료도 넣어 새롭게 버섯 케첩, 호두 케첩을 만들었다. 이런 케첩은 당연히 지금의 토마토케첩과는 다르게 상당히 고가였기에 중산층 이상 가정에서만 먹을 수 있었다. 그래서 유럽, 특히 영국에서는 끊임없이 값싼 케첩을 만들려는 노력이 이어졌다. 18세기에는 비싼 아시아의 수입 생선 대신 앤초비로 젓갈을 만들기도 했다. 그러다 나중에는 아예 생선 젓갈을 넣지 않고 버섯이나 각종 견과류만 넣고 케첩을 만들었다. 이렇게 토마토케첩의 원조인 서양식 케첩이 만들어진 것이다.

하지만 이 무렵까지도 토마토를 이용해 케첩을 만들 생각은 하지 못했다. 18세기에는 토마토는 사람이 먹을 수 있는 작물이 아니었다. 토마토에는 독성이 있기 때문에 사람이 먹으면 죽거나 배탈이 난다고 생각해서 주로 관상용으로만 재배했다. 심지어 토마토의 노란 꽃이 독성이 있는 맨드레이크 꽃과 비슷해서 토마토는 독초로 규정했다.

그러다 19세기에 토마토가 미국으로 전해졌다. 토마토에 대한 부정적인 인식은 여전했고, 토마토 재배 금지령까지 내려졌다. 그때 한 남성이 토마토에 독이 없다는 것을 증명하기 위해 사람들 앞에서 토마토를 24킬로그램이나 먹었다. 너무 많이 먹어서 배탈이 난 것 말고는 아무 문제가 없었다. 그제야 토마토는 지독한 오해에서 풀려났다.

이제는 미국을 상징하는 소스, 토마토케첩

미국에서는 남북 전쟁이 끝나면서부터 케첩을 먹기 시작했다. 처음에는 주로 버섯, 자두, 복숭아 같은 과일과 채소로 케첩을 만들었다. 하지만 남북 전쟁으로 식량이 귀해지자 빠르고 쉽게 키울 수 있는 토마토를 대량으로 재배해 공급했다. 그 덕분에 남북군은 물론 민간인까지 모두 토마토에 입맛이 길들여졌다. 그 결과 전쟁이 끝나면서 케첩에 값싼 토마토를 넣은 토마토케첩이 인기를 끌었다.

19세기 후반부터 토마토케첩의 수요가 늘면서 미국에서는 약 백 개가 넘는 토마토케첩을 만드는 업체가 마구잡이로 생겨났다. 그러다 보니 식품 안전 기준에 부적합한 토마토케첩이 쏟아져 나왔다. 토마토소스의 부패를 막기 위해 포르말린 같은 화학 약품을 넣기도 하고, 색깔이 변하는 것을 막기 위해서 아스팔트를 만들 때 쓰는 콜타르를 넣기도 했다. 이렇게 불량 토마토케첩이 늘어나자 소비자들이 점점 토마토케첩을 외면하기 시작했다.

그때 헨리 하인츠라는 식품 업자가 참신한 아이디어로 돌파구를 마련했다. 토마토케첩에 나쁜 첨가물을 넣지 않았다는 것을 보여 주기 위해 투명한 용기로 만든 케첩 병을 선보인 것이다. 그러자 소비자들이 다시 토마토케첩을 사 먹기 시작했다. 그리고 공장에서 대량으로 생산하면서 투명한 용기에 담긴 토마토케첩의 수요는 빠른 속도로 늘어났고 세계 시장으로 팔리기 시작했다. 그러면서 토마토케첩은 미국을 상징하는 소스가 되었다.

대공황이 낳은 짭조름한 간식, 팝콘

짭조름하면서도 고소한 팝콘은 영화를 볼 때 자주 먹는 간식 중 하나다. 평소에 팝콘을 잘 먹지 않는 사람도 유난히 영화관에서는 즐겨 먹기도 한다. 왜 우리는 주로 영화관에서 팝콘을 먹게 되었을까?

팝콘을 밥으로 먹었다고?

옥수수를 버터에 튀긴 팝콘은 군것질거리로 먹는 간식이다. 하지만 팝콘의 기원은 간식 그 이상이었다.

팝콘의 원료인 옥수수는 원산지가 아메리카 대륙이다. 팝콘도 원래는 아메리카 인디언 부족의 음식이었다. 지금으로부터 약 오천 년 전

팝콘을 먹었던 흔적이 화석으로 발견되었다고 하니 팝콘의 역사는 아메리카 원주민의 역사와 흐름을 같이한다고 볼 수 있다.

다만 아메리카 인디언 부족은 팝콘을 지금처럼 간식으로 먹은 것이 아니라 밥처럼 먹었다. 각 부족마다 다양한 방법으로 옥수수를 튀겨 만든 팝콘을 양식으로 삼았다.

아메리카 대륙에 도착한 유럽 인이 처음 먹은 팝콘도 군것질거리가 아닌 인디언 부족의 양식이었다. 처음 유럽 인이 팝콘을 접한 때는 1621년 추수 감사절로 추정된다. 당시 추수 감사절 만찬에 참석한 콰데키나 인디언 부족 추장의 동생이 사슴 가죽으로 만든 가방에 팝콘을 가득 담아 선물했다. 물론 인디언 부족이 팝콘을 가져온 것은 간식이 아니라 양식으로 가져왔던 것이었다. 낯선 백인 부족과 서로 싸우지 말고 사이좋게 지내자는 평화의 표시였다.

THANKSGIVING DAY

그 이후 팝콘은 인디언뿐만 아니라 막 아메리카에 정착한 유럽 인에게도 중요한 식량이 되었다. 따지고 보면 유럽 인도 팝콘 덕분에 배고픔을 면했다고 해도 과언이 아니다. 추수 감사절 때 팝콘을 처음 먹어 본 유럽 인들은 원주민에게서 옥수수 재배 기술을 배웠다. 그때까지만 해도 유럽 인에게 옥수수는 낯선 작물이었다. 하지만 낯선 땅에서 굶주림을 면하기 위해 옥수수를 수확해 찌거나 구워 먹은 것은 물론 팝콘으로 만들어 식사로 먹었다.

사실 현대인이 아침 식사로 즐겨 먹는 시리얼도 팝콘에서 비롯되었다. 미국 개척 초기, 팝콘은 지금처럼 간식이 아니라 시리얼처럼 우유에 말아서 먹거나 치즈나 크림과 함께 먹었던 훌륭한 식사였다. 실제로 최초의 시리얼은 의사인 켈로그 박사가 만들었는데, 지금의 시리얼을 만들기 전까지 박사의 부인이 팝콘으로 시리얼을 만들어 환자에게 제공했다고 한다.

이 무렵의 팝콘은 지금처럼 간단하게 먹을 수도 없었다. 팝콘을 만들려면 냄비에 옥수수 알을 넣고 일일이 튀겨야 했다. 밥을 짓거나, 빵을 만드는 것만큼 정성이 필요한 음식이어서 군것질거리로 쉽게 먹을 수 있는 간식이 아니었다.

그러다가 팝콘이 널리 퍼지는 계기가 생겼다. 1885년 미국의 찰스 크레터라는 제과점 주인이 팝콘 기계를 발명했기 때문이다. 사실 팝콘 기계가 만들어진 것은 우연이었다. 찰스 크레터가 처음 구입했던 것은 땅콩 굽는 기계였다. 그런데 이 기계가 불량품이었던 것이다. 아무리 해도 땅콩이 제대로 구워지지 않자 이리저리 기계를 손보았다.

그래도 땅콩이 제대로 구워지지 않자 대신 옥수수를 넣어 보니 팝콘이 만들어졌던 것이다. 이후 이 기계 덕분에 거리에 팝콘 파는 노점상이 우후죽순으로 생겨나고 팝콘은 식사에서 거리의 간식으로 바뀌게 되었다.

팝콘, 가난한 서민의 간식이 되다

경제 용어 중에 대체재와 보완재라는 말이 있다. 대체재는 서로 대신해 쓸 수 있는 물건들, 예를 들면 쌀과 밀가루, 버터와 마가린, 만년필과 연필 등을 뜻한다. 반면 보완재는 커피와 설탕, 버터와 빵, 펜과 잉크처럼 서로 다른 것을 동시에 쓸 때 더 쓸모가 늘어나는 물건을 말한다.

그렇다면 팝콘과 설탕은 대체재일까, 보완재일까? 보통 보완재의 성격이 강하지만 팝콘이 세계적으로 퍼진 것은 대체재 역할을 했기 때문이다.

팝콘이 대중적으로 널리 사랑받게 된 것은 미국의 경제 대공황이 계기가 되었다. 1929년부터 경제 대공황으로 경제가 어려워지자 거리에 실업자가 넘쳐 났다. 주머니 사정이 가벼워진 사람들이 배고픔을 달래기 위해 팝콘을 사 먹었다. 당시 팝콘은 한 봉지에 오 센트면 사 먹을 수 있어서 가난한 사람들이 먹을 수 있는 몇 안 되는 음식이었다. 그러면서 당시에 대부분의 산업이 불황에 허덕였지만 팝콘 파는 노점상만큼은 돈을 벌 수 있었다.

영화관에서 팝콘을 먹기 시작한 것도 이 무렵이다. 팝콘과 영화는 모두 미국에서 시작된 문화다. 1920년대 무성 영화가 등장하면서 사람들이 영화관을 찾기 시작했다.

하지만 처음부터 팝콘을 먹으며 영화를 본 것은 아니었다. 초창기 무성 영화 시대에는 팝콘 대신 사탕이나 과자를 사 들고 영화관에 들어갔다. 반면 팝콘을 가지고 오는 사람들은 입장을 금지했다.

팝콘이 영화관을 더럽힌다는 이유였다. 무성 영화 시대에 영화관은 가정집에서는 볼 수 없는 카펫이 깔린 고급스러운 장소였다. 이런 영화관에 팝콘을 가져와 먹다 보면 흘리거나 쏟아서 카펫이 지저분해지기 일쑤였다. 그래서 영화관 주인들은 문지기를 세워 놓고 팝콘을 갖고 오는 사람의 입장을 막았다. 영화관 품위에 어울리지 않는 팝콘 같은 싸구려 음식이 아닌 사탕이나 쿠키 같은 고급 과자를 먹으라는 것이었다.

그러나 대세는 막을 수 없었다. 대공황으로 경제가 어려워지면서 너도나도 팝콘을 먹기 시작했다. 그러자 1930년대에는 팝콘을 못 먹게 하는 영화관의 인기가 떨어졌다. 관객이 줄어들자 영화관에서도 더 이상 팝콘 먹는 것을 문제 삼지 않았다.

하지만 팝콘이 영화관을 점령하게 된 것은 제2차 세계 대전 때였다. 1941년 12월 7일 일본이 미국의 진주만을 기습하면서 태평양 전쟁이 시작되었다. 이듬해 일본이 필리핀을 완전히 점령했다. 그러면서 미국은 더 이상 필리핀에서 설탕을 수입할 수 없게 되었고, 설탕 수입량은 전쟁이 시작되기 전의 3분의 1 수준으로 줄어들었다. 미국은 할 수 없이 설탕을 배급하기 시작했다. 우선 공업용과 군용으로 공급되었고 나머지를 민간인에게 배급했다.

　설탕이 배급제로 바뀌면서 엉뚱하게 팝콘 산업이 호황을 맞았다. 영화관에서 팝콘의 강력한 경쟁자는 사탕이나 초콜릿, 과자 같은 달달한 군것질거리나 콜라와 같은 탄산음료였다. 모두 설탕을 원료로 쓰는 제품들이다. 그동안 팝콘 값이 아무리 저렴해도 감히 쳐다볼 수 없을 만큼 강력한 경쟁자들이었다. 그런데 설탕이 배급제로 바뀌면서 군대에 납품되는 것을 제외한 모든 과자와 초콜릿, 탄산음료의 생산이 중단되었다.

이때 영화관의 틈새를 뚫은 것이 팝콘이었다. 영화를 보며 스트레스를 풀 유일한 간식이 이제는 팝콘밖에 없었다. 이때부터 영화는 팝콘을 먹으며 보는 것으로 문화가 바뀌었다. 그리고 제2차 세계 대전이 끝난 후 미국 문화와 영화가 전 세계로 퍼지면서 세계적으로 팝콘은 영화관의 필수 아이콘이 되었다.

바다의 담백한 귀족, 참치

참치는 맛이 좋은 데다 저지방 고단백으로 영양가 높은 생선이라 인기가 많다. 하지만 옛날부터 참치를 즐겨 먹던 것은 아니었다. 옛날엔 참치를 고양이도 외면할 만큼, 먹지 못할 생선이라고 생각했다. 그런 참치가 언제부터 '바다의 귀족'이 되었을까?

고양이는 왜 참치를 외면했을까

2013년 일본에서 참치 한 마리가 19억 원에 팔린 적이 있다. 이 참치가 222킬로그램이었으니 1킬로그램 당 약 850만 원 정도 하는 셈이다. 물론 새해 첫 경매라는 상징적인 의미와 홍보 효과를 노린 전략이 어우러져 만든 놀라운 가격이었지만 그만큼 일본인이 참치를 좋아한다는 증거를 보여 주는 것이기도 했다. 그렇다면 일본은 언제부터 이렇게 참치를 즐겨 먹었을까?

참치와 관련된 재미있는 일본 속담이 있다. '네코마타기猫跨ぎ', 고양이가(생선을) 건너 뛰어넘는다는 뜻이다. 고양이도 외면하는 생선, 다시 말해 별볼일 없는 생선이라는 의미다. 이렇게 참치에 대한 일본 속담이 곱지 못한 데는 그만한 이유가 있다. 지금과 달리 예전에는 참치를 즐겨 먹지 않았고 고양이한테나 던져 주었다. 흔히 고양이는 사족을 못 쓸 정도로 생선을 좋아한다고 한다. 이런 고양이조차 참치를 외면하고 건너 뛰어넘는다는 것이다. 참치를 그렇게 좋아하는 일본에서 어떻게 이런 속담이 생겨났을까?

일본에서 참치를 먹기 시작한 것은 불과 150년 남짓이다. 그나마 참치 회가 고급 생선회로 대접받기 시작한 것은 50년 정도에 불과하다.

약 200년 전인 19세기 초반까지도 일본에서는 참치를 거의 먹지 않았다. 정확하게 말하자면 먹을 수가 없었다.

참치는 먼 바다에서 잡히는 생선이다. 잡기도 힘들었거니와 배에 냉동 시설이 갖춰져 있지 않아서 먼 바다에서 참치를 잡더라도 오는 길에 부패해 냄새도 맡기 힘들 정도였다. 이 때문에 참치는 먹는 생선이 아니라 밭에다 뿌리는 비료로 썼다.

그런데 19세기 후반이 되자 상황이 조금 바뀌었다. 배가 바다로 나갔다가 돌아오는 시간도 단축되었고 생선 보관 기술도 발달하면서 신선하게 참치를 먹을 수 있게 되었다. 뿐만 아니라 1830년대 무렵에는 도쿄만 부근 바다에서 참치가 많이 잡혔다. 그래서 도쿄의 횟집에서 하나둘 참치를 요리하기 시작했다. 하지만 그때까지도 고급 생선으로 대접 받지는 못했다.

참치는 붉은 살 생선이다. 피가 많아 육질이 붉게 보이는 것이다. 피가 많으면 그만큼 부패 속도도 빠르다. 가까운 바다에서 잡았어도 운반하다가 쉽게 상하기 마련이었다. 그래서 참치를 먹을 때는 간장에 절여서 먹었다. 간장이 소독제 역할을 하면서 참치의 부패를 막았기 때문이다. 주로 싱싱한 참치 회를 먹는 우리와 달리 일본에서는 숙성된 참치 회를 즐겨 먹게 된 것도 그 때문이다. 그래서 19세기 말부터 20세기 초반까지 일본의 최고급 횟집이나 초밥 전문점에서는 참치를 거의 취급하지 않았다. 참치를 기름기 많은 고등어, 꽁치, 전어, 정어리와 같은 싸구려 생선으로 여겼다.

참치를 외면한 것은 일본뿐만이 아니었다. 미국에서도 참치는 먹지 못하는 생선이었다. 참치를 잡아도 못 먹는 생선으로 여겼기에 그대로 바다에 버리거나 썩혀서 퇴비로 만들어 사용했다. 이런 참치를 먹기 시작한 것은 참치 통조림을 만들면서부터다.

1903년 미국에서 처음 참치 통조림을 만들었다. 이전까지 미국에서는 주로 정어리 통조림을 먹었다. 그런데 19세기 말까지 태평양 연안에서 넘칠 정도로 많이 잡혔던 정어리 떼가 20세기가 되면서 남획과 기상 변화로 어획량이 크게 줄어들었다. 그러자 정어리로 통조림을 만들던 회사들이 심각한 경영난을 겪기 시작했다. 산더미처럼 쌓아 두었던 통조림 깡통을 처리할 방법이 없어지자 대신 참치로 빈 깡통을 채워 참치 통조림을 만들었다. 그러니까 참치 통조림의 시작은 정어리 통조림의 대체품이었다.

참치 통조림을 출시하고 첫해 판매량은 미국 서부를 통틀어 700여 개에 불과했다. 이후 사람들이 참치의 담백한 맛에 익숙해지면서 판매량이 조금씩 늘어나기는 했지만 크게 인기를 끌지는 못했다. 그러다 1·2차 세계 대전이 일어나면서 '바다의 닭고기'라는 별명과 함께 참치 통조림이 인기를 끌게 되었다. 참치 통조림의 생산량이 1914년 32만 개에서 1917년에는 70만 개로 늘어났을 정도였다. 하지만 1940년대까지만 해도 참치는 그저 통조림 생선에 지나지 않았다. 당시 미국에서는 참치 어획량의 99퍼센트를 통조림으로 만들었다. 일본 역시 이때까지만 해도 참치는 여전히 고급 생선의 반열에 이름을 올리지 못했다.

참치를 유행 시킨 일본의 전자 산업

1960년대 무렵 참치 시장에서 변화의 바람이 불었다. 일본인이 참치 맛에 빠지기 시작한 것이다. 여러 가지 이유가 있지만 그중 하나는 냉동 기술의 발전이다. 생선을 영하 60도까지 급속 냉동시키는 기술이 발달하면서 일본에 외국 수산물이 넘쳐 나기 시작했다. 먼 바다에서 들여온 참치도 그중 하나였다.

또 다른 원인은 일본인의 입맛 변화다. 제2차 세계 대전이 끝난 후 일본에 주둔한 미군과 미국 문화의 영향을 받으면서 스테이크를 비롯한 소고기가 인기를 끌었다. 그러면서 생선 중에서 소고기와 맛이 비슷한 참치의 인기가 높아진 것이다. 이때부터 일본에서 참치가 싸구려 생선이라는 인식에서 벗어나 점차 값비싼 고급 생선이 되었다.

하지만 문제는 일본에 공급되는 참치 양이 넉넉하지 않았다는 것이다. 수요는 많은데 공급은 부족하니 참치 가격이 치솟기 시작했다. 수요 공급의 법칙이 참치에 그대로 적용된 것이다. 먹고는 싶지만 너무 비싸서 먹지 못하자 참치의 인기가 시들해지기 시작했다. 그때 일본에서 참치가 다시 유행하게 된 결정적 계기가 생겼다.

참치를 유행시킨 것은 얼토당토않게 일본의 전자 산업과 항공 산업이었다. 1970년대 일본 경제가 눈부시게 발전하면서 일본의 전자 제품이 미국 시장에서 불티나게 팔렸다. 대부분의 전자 제품은 고가인데다 부피도 작고 습도를 비롯해 온도 변화에 민감하기 때문에 선박보다는 비행기로 운송한다. 일본에서도 값비싼 전자 제품을 신속하고 안전하게 운송하기 위해 화물기를 전세 내어 미국 시장으로 실어 날랐다.

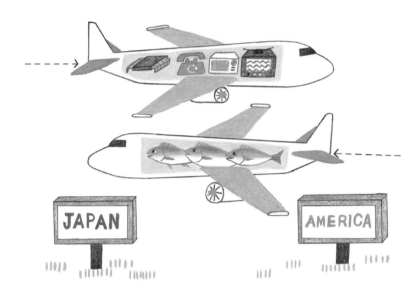

　전자 제품의 수출이 활발해지면서 항공 화물 업체도 호황을 맞았
다. 하지만 효율이 너무 떨어졌다. 일본에서 미국으로 갈 때는 화물
기에 전자 제품을 가득 채우고 떠났지만 돌아올 때는 텅텅 빈 채로 돌
아와야 했기 때문이다. 그러자 직원들이 미국에서 일본으로 돌아오는
비행기에 실을 적절한 물품을 찾기에 나섰다. 이때 발견한 것이 바로
참치였다.

　당시 일본에서는 참치의 인기가 높아지면서 가격이 치솟았지만 미
국 북동부와 캐나다 남동부에서는 이제 막 참치를 통조림으로 만들던
때였다. 그래서 남아도는 참치는 비료로 쓰거나 아니면 바다에 쓰레
기로 내다 버렸다.

　일본의 항공 화물 업체는 여기에 주목했다. 북미 시장에서 거의 내
다 버리다시피 했던 참치를 헐값에 사들여 급속 냉동시켰다. 그리고

일본으로 돌아오는 화물기에 싣고 와서 일본 시장에 공급했다. 이후 참치 값이 안정되기 시작했고 일본에서 참치 회와 참치 초밥이 널리 유행하게 되었다.

그리고 1980년 대 일본의 경제 발전으로 생선회와 초밥 같은 일본 음식이 국제화되면서 미국과 유럽에서도 참치가 유행하기 시작했다. 그 결과 바다의 쓰레기였던 참치가 지금은 바다의 귀족으로 불리게 되었다.

우리나라에 참치가 들어 온 것도 이 무렵이다. 원양 어업으로 잡은 참치가 국내 시장에 들어왔다. 1982년에는 참치 통조림을 생산하면서 우리나라에서도 참치가 인기를 끌기 시작했다.

세계 경제 전쟁의 산물, 아메리카노

요즘은 카페뿐만 아니라 길거리에서도 손쉽게 사 마실 수 있는 음료가 아메리카노이다. 아메리카노는 에스프레소 커피로 만든다. 에스프레소는 어떻게 미국을 대표하는 커피 아메리카노가 되었을까?

아메리카노, 미국인을 얕잡아 보는 말

아메리카노는 진한 에스프레소 커피에 물을 부어 묽게 마시는 커피다. 에스프레소를 그대로 마시기엔 너무 진하고 쓰기 때문이다. 우리가 커피의 쓴맛을 없애기 위해 설탕과 크림을 넣어 달달하고 구수한 '다방 커피'를 만들어 마셨던 것과 비슷하다.

그렇다면 아메리카노는 어떻게 만들어진 이름일까? 제2차 세계 대전 때 북아프리카에서 독일군을 물리친 미군이 이탈리아에 상륙했다. 그런데 미군들은 이탈리아 현지인이 주로 마시는 에스프레소 커피가 부담스러웠다. 너무 쓰고 진해서였다. 그래서 물을 타서 미국에서 마시던 방법으로 연하게 만들어 마셨다.

이탈리아 인의 눈에는 이런 모습이 무척이나 낯설게 느껴졌다. 특히 찬란한 문화를 꽃피웠던 로마 제국의 후손이라는 자부심을 가진 이탈리아 인은 커피에 대한 자부심도 대단했다. 그래서 에스프레소에 물을 타서 마시는 미국인을 보고 수군거리기 바빴다. 미국인이 커피 맛을 제대로 즐길 줄 모른다고 생각했기 때문이다.

"커피도 제대로 마실 줄 모르는 아메리카노!"

아메리카노라는 말은 이렇게 다소 미국인을 얕잡아 보는 느낌에서

시작되었다. 그러다 보니 지금은 미국뿐만 아니라 수많은 나라에서 흔하게 쓰는 말이지만 불과 수십 년 전만 해도 미국인은 아메리카노라는 말을 쓰지 않았다.

미국인들은 왜 연한 커피를 마시는 것일까

확실히 미국 커피는 유럽 커피에 비해서 연한 편이다. 이탈리아나 프랑스에서는 주로 진한 에스프레소 커피를 마신다. 홍차를 주로 마셨던 영국을 제외하면 다른 유럽 국가도 대체로 미국에 비해 진한 커피를 마시는 편이다.

이렇게 미국 커피가 유럽에 비해 묽고 연한 데는 나름의 이유가 있다. 이 기원은 미국의 보스턴 차 사건까지 거슬러 올라간다. 보스턴 차 사건은 우리가 역사 교과서에 접했던 것처럼 미국 독립 전쟁의 계기가 된 사건이다. 1773년 12월 16일 미국인들이 원주민으로 변장하고 보스턴 항구에 정박해 있던 동인도 회사의 선박을 습격했다. 그리고 배에 실려 있던 차 상자를 모두 바다에 던져 버렸다. 갑자기 미국인들은 왜 이런 도발을 했을까?

영국 정부는 미국이 수입하는 차에 세금을 부과했다. 그것도 모자라 영국 동인도 회사에 차 무역 독점권을 주면서 미국 상인들의 차 수입을 막았다. 이에 대해 미국 상인들이 강하게 반발한 것이 보스턴 차 사건이다.

그런데 이 사건을 계기로 미국인의 입맛이 바뀌었다. 주로 홍차를

마시던 미국인이 이때부터 커피를 마시기 시작했다. 하지만 커피는 홍차를 대신해 마셨기 때문에 커피를 마실 때도 최대한 홍차와 비슷하게 마시려고 했다. 커피를 묽게 타면 색깔이 진한 홍차와 비슷했다. 거기다 커피를 강한 수증기 압력으로 진하게 추출한 에스프레소와는 달리 커피 향을 은은하게 줄여 커피 본연의 맛을 즐기기보다는 홍차처럼 마셨다. 이것 또한 미국인이 아메리카노를 마시게 된 배경 중 하나이다.

미국은 어쩌다 커피를 마시게 되었을까

보스턴 차 사건을 좀 더 구체적으로 파헤쳐 보자. 영국이 차에 관세를 부과하자 미국의 무역 상인들은 세금을 내고 차를 수입했다. 한

밀무역

물건을 수입하거나 수출할 때는 법으로 엄격히 통제한다. 특히 외국에서 물건을 수입할 때는 관세를 부과하지만 이런 법규를 위반하고 몰래 물건을 사 오는 것을 밀수입이라고 한다. 반대로 허가 없이 외국으로 물건을 파는 것을 밀수출이라고 한다.

편으로 아시아와 차 무역을 하고 있던 네덜란드를 비롯해 유럽에서는 밀무역으로 관세 없이 차를 수입하기 시작했다.

그러자 영국 의회가 동인도 회사의 재정난을 해결하기 위해 1773년 5월, 차 조례를 통과시켰다. 동인도 회사에게 미국 시장의 차 수출 독점권을 준 것이다. 미국 상인들은 높은 관세를 내고서라도 영국 차를 수입하고 싶었는데 길이 막힌 것이다. 거기다 네덜란드를 비롯한 다른 나라에서 밀무역으로 차를 들여올 수 있는 방법도 막히고 말았다. 그러자 동인도 회사에서는 재고로 쌓여 있던 차를 미국 시장에 헐값에 내놓기 시작했다. 결국 미국 상인들은 사업의 기회가 막히고 말았다.

이렇게 되자 미국의 상인들은 반발했다. 거기다 차 구입이 어려워지면서 소비자들의 불만도 높아졌다. 이런 갈등 속에서 보스턴 차 사건이 일어난 것이다. 하지만 보스턴 차 사건이 끝난 이후에도 영국에서 수입해 오는 홍차 불매 운동은 계속 이어졌다.

영국에서 수입하는 홍차에 대해 당시 미국 사회의 분위기는 험악할 정도로 좋지 않았다. 대대적인 불매 운동이 벌어졌을 뿐만 아니라 영국을 지지하는 사람들을 비롯해 영국산 홍차를 구입해 마시는 사람들까지 미국의 질서를 어지럽힌다며 협박이나 테러를 일삼았다. 홍차 한 잔을 마시려다가 거의 매국노 취급을 당했던 것이다.

하지만 매일 홍차를 마시던 사람들이 어느 날 갑자기 차를 끊기란

쉬운 일이 아니다. 다른 대체 음료가 필요했다. 이때 등장한 것이 바로 커피였다.

당시 홍차와 커피에 대한 분위기는 훗날 미국의 제2대 대통령인 존 애덤스의 부인이 집을 떠나 있던 남편에게 보낸 편지에서 엿볼 수 있다.

집에서는 더 이상 홍차를 마시지 않아요. 대신 매일 오후가 되면 홍차 대신에 커피를 마셔요. 이제는 홍차를 끊어야 하는데 빠르면 빠를수록 좋겠지요.

이렇게 영국산 홍차에 대한 반감이 높아진 미국에서 그 틈새를 뚫고 들어온 것이 네덜란드와 프랑스의 커피였다. 미국 상인들이 차를 수입했던 네덜란드에서 이번에는 대신 커피를 들여오기 시작한 것이다. 네덜란드 역시 당시 식민지였던 인도네시아에 대량으로 재배했던 커피를 팔 곳이 필요했다.

인도네시아는 한때 세계 제1위의 커피 생산국이었고 지금도 세계적인 커피 수출국이다. 인도네시아 자바 섬에서 대량 재배한 커피가 처음 네덜란드로 수출된 해가 1911년이다. 약 50년이 지나 미국에서 보스턴 차 사건이 일어났을 무렵에는 네덜란드가 인도네시아산 커피를 바탕으로 이미 유럽 최대의 커피 수출국으로 떠오르고 있을 때였다. 프랑스 역시 이 무렵 카리브 해 연안의 식민지에서 재배한 커피를 판매할 시장이 필요했다. 그러니 미국의 영국산 홍차 불매 운동은 커피를 판매할 수 있는 절호의 기회였다. 그 결과 미국 시장에 값싼 커피가 대량으로 흘러 들어왔다. 그러면서 미국은 전 세계 커피 소비량 1위를 차지할 정도로 커피 왕국이 되었다.

하루 한입
문화사

음식과 관련된 풍습이나 문화를 보면 상식적으로 이해되지 않는 게 한두 가지가 아니다. 이렇게 미신 같은 이야기들이 어떻게 수백 년에 걸쳐서 지금까지 전해져 내려오고 있는 것일까?

기쁨을 부르는 달달한 선물, 엿

지금은 유행이 지나긴 했지만 여전히 우리는 시험을 앞두고 화장지나 도끼, 포크 등을 선물한다. 그중에서 가장 전통 있고 오래된 선물은 엿이다. 그런데 우리가 시험을 앞두고 엿을 먹는 이유가 무엇일까?

시험을 앞두고 일본과 중국도 엿을 먹는다

합격, 불합격을 다른 표현으로 시험에 '붙었다' '떨어졌다'라고 한다. 국립국어연구원에서 펴낸 〈한국 문화 기초 용어〉에는 이런 표현이 엿의 성질을 합격에 비유한 것에서 유래했다고 한다.

우리가 시험 날 엿을 먹는 데는 과학적인 근거도 있다. 우리가 공부를 하면 뇌는 엄청난 에너지를 소비한다. 이때 엿을 먹으면 그 당분이 두뇌 활동을 활발하게 만든다고 한다. 하지만 시험을 앞두고 엿을 먹는 일이 언제 시작되었는지 모를 정도로 꽤 오래된 풍습이라는 점을 생각하면 그렇게 과학적인 이유로 엿을 먹었을 것 같지는 않다.

한때 엿보다 더 강력한 합격 기원 선물이 등장하기도 했다. 문제를 술술 풀라는 의미로 화장지를 선물하거나 정답만 골라 찍으라는 의미의 도끼 볼펜이나 포크 열쇠 고리도 선물했다.

일본에도 우리와 비슷한 풍습이 있다. 일본은 대학 입학시험이 매년 1월에 있다. 대입 시험을 앞둔 풍경 역시 우리와 크게 다르지 않다. 합격하라는 뜻에서 우리처럼 엿이나 찹쌀떡을 선물하는 것도 똑같다. 다만 일본에서는 시험 전날에 수험생이 돈가스를 먹기도 한다. 이유

는 돈가스의 이름 때문이다. 승리를 뜻하는 한자인 勝(이길 승) 자의 일본어 발음이 가츠かつ로 돈가스의 '가츠'와 같기 때문이다. 그래서 시험지와 싸워 이겨 합격하라는 뜻에서 돈가스를 먹기도 한다.

중국에도 입학시험을 앞두고 비슷한 풍습이 있다. 중국의 대학 입학시험 가오카오는 6월 초, 이틀에 걸쳐서 실시한다. 한국이나 일본 못지않게 입학 경쟁이 치열하기 때문인지 다양한 합격 기원 음식이 발달해 있다.

가장 흔한 것이 입학시험을 앞두고 먹는 떡이다. 나뭇잎으로 찰밥을 싼 '쫑즈'라는 찹쌀떡이다. 쫑즈는 원래 중국에서도 전통 명절인 단오에 먹는 음식이다. 춘추 전국 시대의 충신이며 시인이었던 굴원을 기리며 먹던 음식이었지만 대학 입학시험을 앞두고 자녀의 합격을 기도하면서 먹기도 한다. 또 다른 의미로는 '쫑'의 발음이 합격하다는 뜻의 中(가운데 중) 자와 중국어로 발음이 같기 때문에, 쫑즈라는 나뭇잎으로 싼 찹쌀떡을 먹으며 합격을 꿈꾸는 것이라고 풀이하기도 한다.

각 나라마다 이렇게 합격을 꿈꾸는 수험생과 학부모의 간절한 소원이 음식에 고스란히 반영되어 있다.

기쁨을 부르는 엿

우리나라의 풍습을 살펴보면 흥미로운 사실을 발견할 수 있다. 경사로운 날이나 특별한 날에는 반드시 엿을 장만했다는 사실이다.

예를 들어 결혼한 딸이 처음 시집으로 들어갈 때 친정어머니가 정성껏 음식을 장만해 함께 들려 보낸다. 이를 '이바지 음식'이라고 하는데 지역과 집안마다 다소 차이는 있지만 여기에 엿을 넣어 함께 보내는 경우가 많다.

마찬가지로 결혼식을 끝내고 폐백을 드릴 때도 폐백 상에 엿 고임을 놓기로 한다. 그리고 대추와 밤을 함께 쌓아 놓는데 자손을 많이 낳으라는 의미에서다. 그렇다면 엿 고임은 어떤 의미일까? 이바지 음식에 엿을 넣는 것처럼 신혼부부가 엿처럼 찰싹 달라붙어 금슬 좋게 백년해로하라는 의미이다.

폐백
혼례를 마치고 신부가 시부모나 시댁 어른들에게 처음으로 드리는 인사로, '고구례'라고 하기도 한다. 신부와 신랑이 큰절을 올리면, 절을 받은 시부모는 자식을 많이 낳으라는 뜻으로 대추와 밤을 던져 준다.

사실 이바지 음식이나 폐백 상의 엿 고임처럼 결혼할 때 엿을 장만하는 풍습은 우리나라에만 있는 것은 아니다. 중국에는 지금도 결혼식에 엿이나 사탕을 먹는 풍속이 남아 있다. 중국의 신랑 신부들은 결혼식이 끝나면 쟁반에 엿을 담아 하객들에게 돌리며 인사한다. 하객들과 결혼의 기쁨을 함께 나눈다는 의미에서 '시탕'이라고 하는데 즐거움을 나누는 엿이라는 뜻이다. 지금은 간편하게 엿 대신 사탕을 쟁반에 담아서 돌린다.

지금은 우리나라에서 거의 사라진 풍습이지만 예전에는 정월 초하루 설날이나 정월 대보름에 엿이나 조청을 고았다. 이렇게 만든 엿을 직접 먹기도 하고 아니면 강정을 비롯해 갖가지 한과를 만들어 차례 상에 놓고 나누어 먹었다. 특히 설날에 먹는 엿은 복 엿이라고 해서 그냥 먹는 것이 아니라 소원을 빌면서 먹었다. 복 엿을 먹으면 살림이 엿가락처럼 늘어나 부자가 된다고 믿었고 연초나 정월 대보름에 엿을 먹으면 일 년 내내 음식을 달게 먹을 수 있다며 건강을 소원하며 먹었다.

이렇게 우리나라뿐만 아니라 아시아에서는 경사스런 날이나 명절처럼 특별한 날에 엿을 장만했다. 그 이유가 무엇일까?

그 의미를 엿이라는 이름에서 찾아볼 수 있다. 엿이 기쁨을 부르는 음식이라는 뜻이 있는데 엿을 뜻하는 한자에서 그 의미를 읽을 수 있다. 엿을 한자로는 飴(엿 이)라고 쓴다. 한자를 풀어 보면 食(먹을 식)에 台(기쁠 태)로 이뤄져 있다. 台는 세모처럼 생긴 글자인 厶(사) 아래에 口(입 구)로 이뤄진 글자다. 그러니까 입이 저절로 벌어져 방실거리며 기뻐한다는 뜻이다.

한나라 때 한자 사전인《설문해자》에는 台(기쁠 태)를 기쁘다는 뜻의 怡(이)와 悅(열)과 같은 의미라고 해석했으니 보통 즐거운 것이 아니라 희열을 느낄 정도로 즐겁고 좋다는 뜻이다. 그러니 먹으면 입을 방긋거리며 웃고 희열을 느낄 정도로 좋은 음식이 바로 엿이라는 음식이다.

도대체 왜 엿을 보고 입이 저절로 벌어질 정도로 좋은 음식이라고 한 것일까? 지금 기준으로는 이해하기 어려운 소리지만《설문해자》가 나온 이천 년 전의 상황을 보면 왜 엿을 기쁨을 부르는 음식이라고 했는지를 알 수 있다.

지금은 엿을 감자나 고구마, 옥수수 같은 잡곡과 전분으로 만들지만 이천 년 전에는 엿을 쌀과 같은 귀한 곡식으로 만들었다. 엿을 만드는 과정은 곡식에다 엿기름을 넣어 삭히면 엿물이 나오는데 이 엿물을 졸이면 묽은 조청이 된다. 이 조청을 졸이고 또 졸이면 어두운 색의 강 엿이 되는데 이 강 엿을 계속 치대야 비로소 흰 엿이 된다. 엿이라는 음식이 지금은 별 것 아니지만 먼 옛날 기준으로 보면 귀한 쌀의 진액만 뽑아서 굳혀 놓은 음식이니 먹으면 저절로 입이 벌어질 정도로 기쁜 음식인 것이다.

결혼 잔치에 엿을 장만하는 이유는 혼인의 기쁨을 함께 나눈다는 의미이고, 새해 첫날 엿을 먹는 까닭도 일 년 내내 즐거운 일이 생기고 복을 많이 받으라는 뜻이다. 옛날 과거를 보러 가는 선비에게, 또 현대에 시험을 보는 수험생에게 엿을 선물하는 이유 역시 입이 저절로 벌어질 정도로 기쁜 일이 생기라는 뜻이니 말하자면 시험에 합격하라는 덕담의 의미다. 엿이 끈끈한 만큼 철썩 시험에 붙기를 바라는 마음 이상의 깊은 뜻이 담겨 있다.

밸런타인데이에 담긴 달콤한 환상, 초콜릿

2월 14일 밸런타인데이는 초콜릿을 선물하는 날이다. 또 3월 14일은 화이트 데이로 사탕을 선물한다. 밸런타인데이와 화이트 데이가 어떻게 생겨났으며 초콜릿과 사탕을 선물하는 이유를 알아보자.

사랑과 연인의 날, 밸런타인데이

밸런타인데이는 카톨릭교의 성자 발렌티누스의 순교일이다. 13세기 이탈리아 제노아의 대주교 지오코모가 쓴 성인집에 그 기록이 남아 있다. 발렌티누스는 기독교를 믿는다는 이유로 로마 황제 클라우디우스 2세에게 처형될 위기에 처했다. 그런데 사형되기 직전에 앞을 보지 못하는 간수의 딸을 치료하는 기적을 보여 성인의 반열에 올랐다. 그런데 이러한 유래를 보면 밸런타인데이는 사랑과는 아무런 관련이 없어 보인다.

물론 또 다른 유래가 있다. 발렌티누스가 군인의 결혼을 금지한 클라우디우스 황제 몰래 군인과 그의 연인을 맺어 준 것이 밸런타인데이의 기원이라는 설도 있지만 근거가 부족하다.

그렇다면 밸런타인데이가 어쩌다 사랑과 연인의 날이 되었을까? 사랑과 관련된 최초 기록은 영국 시인 제프리 초서의 시에서 찾을 수 있다. 1382년 발표한 〈새들의 의회〉라는 시에는 '밸런타인데이에 새들이 서로 짝을 짓는다.'는 구절이 있다. 봄철 새들이 짝짓는 날과 밸런타인데이가 2월 14일이라는 것을 연결 지어 연인들의 날로 삼은 것이다. 이후 셰익스피어가 《햄릿》에서도 이 날을 사랑의 날로 노래하면서 밸런타인데이가 연인의 날로 자리 잡았다.

또 서양에서는 2월 14일 전후를 전통적으로 사랑, 짝짓기, 다산과 관련된 날로 본다. 플루타크는 《영웅전》에 로마 인들은 목동의 신 루페르쿠스를 위해 축제를 벌여 다산과 풍요를 기원한다는 기록을 남겼다. 로마의 전통이 유럽에서 계속 이어지면서 밸런타인데이 풍습이 만들어진 것이다.

부자들만의 사치품, 초콜릿

밸런타인데이에 초콜릿을 주고받는 역사는 생각보다 무척 짧다.

1847년에야 딱딱한 초콜릿이 처음 만들어졌기 때문이다. 영국의 한 회사에서 처음으로 초콜릿을 딱딱한 막대 형태로 만들었다. 이전까지 초콜릿은 지금의 코코아나 뜨거운 초콜릿처럼 마시는 음료수였다. 그래서 초콜릿을 선물하기 시작한 때는 빨라야 19세기 후반이다. 거기다 이때까지만 해도 초콜릿은 대중적인 식품이 아니었다. 부자들만이 마시고 먹을 수 있는 고가의 사치품이었다.

초콜릿이 대중화된 것은 20세기 이후다. 초콜릿을 만드는 원료인 카카오와 설탕 가격이 하락하면서 대량 생산이 시작되었다. 그래도 20세기 초기까지는 가격이 만만치 않았다. 1900년 미국에서 교사의 연봉은 328달러로 하루 일당으로 계산하면 약 90센트 정도다. 그런데 초콜릿 바 한 개의 가격이 10센트였으니 결코 만만한 값이 아니었다. 하지만 반대로 말하자면 선물하기에 딱 좋은 가격이었다.

그런데 왜 밸런타인데이에 초콜릿을 선물하게 되었을까? 이것은 밸런타인데이의 기원과 함께 초콜릿에 대해 사람들이 품고 있었던 환상 때문이다. 그리고 값비싼 사치품에 대한 동경과 초콜릿 회사의 마케팅이 얽히고설키면서 만들어진 결과물이다.

고대 마야 문명과 아즈텍 문명에서 카카오는 귀족들에게 사랑의 음식이었다. 유럽에서도 초콜릿은 대중화되기 전까지 사랑의 음료라는 이미지를 가지고 있었다. 그러니 초콜릿은 연인에게 주는 선물로 나쁘지 않았을 것이다.

19세기 영국은 빅토리아 시대로 사랑이 넘치는 시대였다. 큐피드가 사랑받는 시대였고 카드와 선물로 사랑을 표시하는 것이 유행이

VALENTINE DAY

었다. 사랑을 기념하는 날로 밸런타인데이가 널리 퍼지게 된 것도 이무렵이다.

이때 초콜릿이 선물로 등장하는 계기가 생겼다. 1860년대에 '캐드베리'라는 초콜릿 회사에서 놀라운 상품을 기획했다. 사랑의 전령 큐피드와 장미가 그려진 하트 모양의 상자에 초콜릿을 담았다. 이 상품은 연인들 사이에서 불티나게 팔렸다.

영국에서는 이때부터 초콜릿이 밸런타인데이 대표 선물로 자리 잡게 되었다고 여긴다. 그런 면에서 밸런타인데이에 초콜릿 선물은 마케팅의 산물이라고 할 수 있다.

일본 사탕 회사가 만든 날, 화이트 데이

밸런타인데이는 서양의 전통 기념일이다. 초콜릿 선물 역시 초콜릿 회사의 마케팅이 계기가 되었지만 초콜릿에 담긴 의미와 함께 자연스럽게 생겨났다. 반면 화이트 데이는 철저하게 상업적인 이유로 만들어졌다.

1970년대 밸런타인데이에 초콜릿 선물이 유행하면서 일본 제과 회사의 매출이 크게 늘어났다. 그러자 일본 제과 회사는 이왕이면 초콜릿을 받은 사람들이 답례품을 주는 날을 만들자는 아이디어를 냈다. 밸런타인데이에 초콜릿을 받고 나서 그 보답으로 다시 초콜릿을 선물하는 것은 의미가 없으니까 이번에는 사탕을 선물하자는 아이디어였다.

처음에는 마시멜로를 만드는 회사에서 마시멜로를 선물하자는 아이디어로 판촉 활동을 했다. 그러다 사탕 제조 회사의 모임인 일본 캔디 공업 협동 조합에서 약 2년에 걸친 준비 끝에 업계 공동의 캠페인을 펼치기로 했다. 1980년 3월 14일을 '화이트 데이'라고 선포한 것이다. 화이트 데이라는 이름은 초콜릿의 검은 색과 대비되는 데다가 흰색이 사탕을 상징하기 때문에 만들어진 이름이다. 결국 서양에 밸런타인데이는 있어도 화이트 데이는 없는 이유는 일본 사탕 회사에서 홍보를 위해 만든 날이기 때문이다.

사탕은 달콤한 약

그런데 사탕의 역사를 보면 우리가 잘 몰랐던 사실이 몇 가지 있다.

사탕은 본래부터 과자가 아니라 처음에는 약으로 쓰였다. 그리고 약 200년 전만 해도 귀족과 부자가 아니면 먹을 수 없을 만큼 값비쌌다.

사탕의 원료인 설탕은 인도에서 아랍을 거쳐 유럽으로 전해졌다. 설탕의 원료인 사탕수수는 유럽에서 재배가 불가능했기에 특권층을 제외하면 먹을 수조차 없었고 특별한 경우에 의약품으로만 쓰였다.

설탕을 약으로 사용했다는 기록은 고대 로마의 역사가 플리니우스가 쓴《박물지》에도 실려 있다. 중세에도 베네치아와 피렌체의 부유층만 설탕을 맛볼 수 있었다.

유럽에서는 중세 이후부터 설탕을 약품으로 많이 쓰기 시작했다. 딱딱하게 굳은 설탕 덩어리가 요즘과 같이 다양한 모양의 사탕으로

사탕수수
기원전 8000년경 태평양 남서부의 뉴기니 섬에서 처음 재배되었다. 지금은 브라질, 하와이, 인도네시아 등 열대 지방에서 주로 재배된다. 사탕수수 줄기에 당분이 많이 함유되어 있어서 그 즙을 가공해 설탕을 만든다.

발전한 것도 이 무렵이다. 영국을 비롯한 북유럽에서는 설탕을 감기와 오한 치료제로 썼는데 중세 의사들은 약의 고약한 맛을 제거하기 위해 달콤한 설탕으로 옷을 입혔다. 약의 쓴맛을 없앨 수 있을 뿐만 아니라 설탕 자체가 약이었으니 효과가 배가 되었던 셈이다.

그 흔적이 지금도 남아 있는데 쓴약을 먹기 좋게 단맛의 물질로 감싼 당의정이다. 군것질로 먹는 과자인 사탕은 바로 중세 시대에 약으로 만든 당의정에서 출발했다.

사탕이 약이었다는 흔적은 또 있다. 음식점에서 식사 후에 주는 사탕이다. 옛날 유럽에서는 사탕이 소화제였다. 이것이 유래가 되어 식사 후에 디저트로 과일이나 초콜릿처럼 달콤한 음식을 먹게 되었다.

유목과 농경 문화의 충돌, 보신탕

보신탕은 우리나라의 전통 음식일까? 아니면 많은 사람이 싫어하는 혐오 음식일 뿐일까? 보신탕은 아직까지 많은 찬반 논란을 일으키고 있다. 그러면 우리나라에서 보신탕은 언제부터 먹기 시작했을까?

복날과 보신탕과의 관계

세계 여러 나라 가운데 개고기로 만든 보신탕을 먹는 나라는 그다지 많지 않다. 기록이 남아 있지 않은 아주 먼 고대라면 모를까, 서양은 물론이고 동양에서도 몇몇 나라를 제외하고는 보신탕을 먹지 않았다. 군이 따지자면 보신탕을 먹는 나라는 한국과 베트남 그리고 중국

일부 정도이다.

역사적으로 이 세 나라가 다른 나라에 비해 개를 먹어야 할 만큼 가난했다거나 단백질을 섭취하기 위해 개고기를 먹어야 할 정도로 고기가 궁하고 척박했던 것도 아니다. 그렇다고 특별히 개를 다른 동물보다 업신여기는 전통이 있던 것은 더더욱 아니다. 그런데 왜 굳이 다른 나라에서는 보기 드문 보신탕 문화가 아직까지 이들 나라에는 남아 있는 것일까?

지금은 복날 보양식으로 삼계탕을 주로 먹지만 우리나라의 전통적인 복날 음식은 보신탕이었다. 복날 보신탕을 먹게 된 역사적인 배경을 알아 보자.

사마천이 쓴 《사기》에는 이런 글이 적혀 있다.

진나라 덕공 2년, 복날 제사를 지내는 사당을 짓고 개를 죽여 벌레로 인한 피해를 막았다.

진나라 덕공 2년은 기원전 676년으로 춘추 전국 시대다. 벌레로 인한 피해를 막았다고 하는데 원문의 한자를 보면 조금 특별한 벌레다. 파리나 모기와 같은 곤충을 뜻하는 벌레蟲가 아니라 뱃속에 있는 벌레蠱다. 과학이 발달하지 못한 옛날이었기에 뱃속의 벌레라고 표현했는데, 현대식으로 해석하면 기생충이나 눈에 보이지 않는 몸속의 세균 혹은 바이러스를 막았다는 것을 뜻한다. 쉽게 해석하자면 복날을 맞아 병에 걸리지 않게 해 달라며 개를 제물로 삼아 하늘에 제사를 지

냈다는 뜻이다.

초복부터 말복까지 약 30일은 여름철 중에서도 습도가 가장 높고 더운 기간이다. 우리는 이때를 삼복더위라고 부른다. 그만큼 사람들이 쉽게 지치고 허약해지는 시기다. 게다가 지금처럼 위생이 철저하지 못했던 옛날에는 삼복더위에 음식이 쉽게 상해 배탈이 나거나 피부병과 전염병이 많이 퍼졌다.

전통적으로 풀이하자면 복날은 특별한 날이다. 조금 어려운 개념이지만 '갑을병정무기경신임계'의 십간 중에서 복날은 경일로 오행 중에서 쇠金의 기운을 품고 있는 날이다. 불의 기운을 품고 있는 삼복더위의 한여름과 쇠의 기운을 품은 복날이 만나서 쇠가 불에 녹으니 서로 상극이 되는 날이다. 그래서 복날은 음의 기운이 양의 기세에 눌려 숨은 날이기 때문에 伏(엎드릴 복) 자를 써서 복날이라고 한다. 이렇게 복날의 뜻을 음양오행의 동양 철학으로 풀이해 놓았으니 보통 사람들은 그 뜻을 잘 알기 어렵다.

그래서 사람들이 알기 쉽게 풀이해서 복날은 나쁜 기운이 판치는 날이니 양의 기운이 넘치는 뜨거운 음식을 먹으며 몸조심하라는 것이었다. 더 풀이하자면 삼복더위는 날씨가 습하고 무더워 병에 걸리기 쉬우니 좋은 음식을 먹고 건강을 돌보라는 뜻으로 해석할 수 있다.

그런데 왜 개고기로 제사를 지냈을까? 오래전부터 이어져 내려온 풍습인 데다 여러 가지 이유가 복잡하게 얽혀 있다.

고대에는 개가 하늘에 제사를 지내는 가축이었다. 소, 양, 말, 돼지, 닭과 함께 개도 제사 음식에 포함되어 있었다. 그 흔적이 지금 우리가 일상적으로 사용하는 단어에 남아 있다.

예를 들어 헌금獻金은 돈을 기부한다는 뜻이다. 혈액을 제공할 때는 헌혈獻血, 몸을 던져 최선을 다하는 것을 헌신獻身이라고 한다. 모두 獻(바칠 헌)이라는 한자를 쓴다. 그런데 헌이라는 한자는 솥이라는 뜻의 권鬳과 개 견犬이 합쳐져 만들어진 글자다. 풀이하면 개를 잡아 솥에 삶는다는 뜻이다.

뿐만 아니라 고대에 개는 반려 견이 아니라 먹으려고 길렀던 가축이었다.

춘추 전국 시대에 왕과 귀족의 어록을 모아 놓은 《좌구명》이라는 책에서 흥미로운 대목을 발견할 수 있다. 와신상담이라는 고사 성어를 만들어 낸 월나라 왕 구천이 오나라 왕 부차에게 복수하기 위해 병력을 늘리려고 출산 장려 정책을 펼쳤다.

출산 장려 정책의 주요 내용은 여자가 열일곱 살, 남자가 스무 살이 되도록 시집 장가를 가지 않으면 부모에게 죄를 물었다. 반면 결혼한 부부가 아이를 낳을 때 군인이 될 수 있는 남자아이를 낳으면 술 두 병에 개고기를 지급했고, 여자아이를 출산하면 술 두 병에 돼지고기를 지급했다. 남아를 선호했던 옛날, 더군다나 군사력을 늘이기 위해 출산 장려금으로 개고기를 준 것을 보면 월나라에서는 개고기를 돼지고기보다 더 귀하게 취급했다는 사실을 알 수 있다. 그래서 복날 하늘에 제사를 지낸 후에 음복으로 개고기를 먹었던 것이다.

유목 민족의 지배와 함께 사라진 보신탕

보신탕은 왜 한국과 베트남 그리고 중국 남부 정도에서만 먹는 것일까? 복날에 개를 잡아 하늘에 제사를 지냈던 중국에서는 왜 보신탕이 가장 먼저 사라졌을까?

중국의 역사와 문화를 보면 어느 정도 이해할 수 있다. 중국 북방의 유목 민족은 옛날부터 개를 잡아 먹지 않았다. 소와 양을 방목하는 유목민에게 가축을 몰고 다니는 개는 꼭 필요한 동물이었다. 물론 먹을 만한 다른 가축이 많기도 했지만 유목민에게 개는 말과 함께 가족 다음으로 중요한 동물이었다.

반면 농사를 짓는 농경 문화권에서 개는 도둑을

유목 민족
한 곳에 정착하지 않고 물과 목초지를 따라 양과 낙타 같은 가축 떼를 몰고 다니며 생활하는 사람이나 그런 사람들로 구성된 사회. 몽골이나 중앙아시아, 아프리카 북부 등에 많았으나 산업화가 되면서 많이 줄어들었다.

지키는 일 외에는 하는 일이 많지 않았다. 게다가 이웃집에 숟가락이 몇 개 있는지도 알 만큼 돈독한 공동체 사회였기에 개가 도둑을 내쫓는 일도 드물었을 것이다. 이 때문에 개는 집에서 기르는 닭처럼 잡아서 먹으면 단백질을 보충할 수 있는 가축으로 생각하는 문화가 자리 잡게 되었다.

　중국에서 보신탕이 사라지기 시작한 시기는 대략 6세기 무렵이다. 이 무렵의 중국은 남북조 시대로 중국 북방의 유목 민족이 크게 세력을 떨칠 때였다. 유목 민족인 거란의 요나라, 여진의 금나라가 중국의 중심을 지배하고 농경 민족인 한족의 송나라는 남쪽으로 밀려났다. 이후 송나라가 멸망한 후에는 유목 민족인 몽골의 원나라가 중국을 지배했고 그다음 한족인 명나라가 들어섰지만 곧 이어 유목 민족인 만주 출신 여진족의 청나라가 세워졌다. 결국 중국에서 보신탕 풍습이 사라진 것은 6세기 이후 유목 민족이 계속 중국을 지배한 영향이 컸다는 것이다. 다만 지금도 중국 남부에서 보신탕을 먹는 이유는 농경 문화의 풍습이 남아 있는 데다 북방 유목 민족의 영향력이 적었기 때문으로 여겨진다.

그런데 일본은 왜 보신탕을 먹지 않을까? 일본은 서기 675년 소, 말, 개, 닭, 원숭이의 고기를 먹지 못하게 육식 금지령이 선포되었다. 그래서 7세기부터 19세기 말까지 아예 고기를 먹지 않았다.

뒤집어 보면 7세기 이전에는 일본도 개를 먹었다는 뜻이다. 육식 금지령이 없어지고 20세기부터 다시 고기를 먹기 시작했지만 다른 고기가 많았으니 굳이 다시 개고기를 먹을 이유가 없었다.

동남아시아 지역도 마찬가지다. 태국은 오랜 불교 국가이며, 말레이시아, 인도네시아 역시 이슬람 국가였으니 보신탕 풍습이 오래전부터 사라질 수밖에 없었다.

반면 아직까지 보신탕 문화가 남아 있는 한국과 베트남은 농업이 중심이었던 나라로 유목 민족의 지배를 받았던 적이 거의 없다. 게다가 두 나라 모두 전통적으로 개를 제물로 썼던 유교가 발달한 나라이다.

행복을 담은 특별한 음식, 케이크

전통적으로 서양에서는 특별한 날이면 케이크를 먹는다. 빵이나 케이크 모두 같은 빵 종류인데 왜 생일이나 성탄절 같은 특별한 기념일에는 빵 대신 케이크를 먹을까? 케이크에 담긴 달콤한 역사를 살펴보자.

빵과 케이크는 무엇이 다를까

왜 특별한 날에는 케이크를 먹는 것일까? 먼 옛날부터 전해진 전통이기에 한 가지로 콕 집어서 설명하기는 어렵다. 다만 옛날 문헌과 풍습을 통해 왜 생일이나 결혼식, 성탄절, 각종 기념일에 케이크를 먹게 되었는지 어림잡아 짐작할 수 있다.

먼저 케이크와 빵의 차이부터 구분해 보자. 사실 고대 이집트에서 그리스 로마 시대로 이어지기까지 빵과 케이크를 명확하게 구분하기는 힘들다. 고대의 빵과 케이크 모두 밀가루 같은 곡식 가루로 만들었지만 굳이 차이를 구분하자면 빵은 반죽한 밀가루를 그대로 굽거나 발효시켜 굽는 데 그친다. 하지만 케이크는 구운 빵에 달걀과 버터처럼 다른 첨가물을 추가한다. 지금처럼 달콤한 크림으로 빵을 덮어 장식하는 아이싱은 17세기 이후에 등장한다.

빵 반죽에 계란과 버터를 추가하고 빵에다 꿀에 절인 과일이나 말린 과일을 얹어 먹는 것이 케이크의 특징이다. 별다른 첨가물이 없는 담백하게 먹는 빵이 식사로 먹는 일상 음식이라면 갖가지 재료를 첨가한 케이크는 특별한 날에 먹는 특별한 음식이다. 가난한 서민은 물론 귀족도 마음대로 먹을 수 있는 음식이 아니었기에 케이크는 축제 음식으로 자리 잡았다. 고대 그리스 로마에서 케이크는 각종 축제마다 등장했다. 그 당시 축제는 신화에 등장하는 신들에게 바치는 잔치였으며 케이크가 제물이었다.

케이크가 신들의 축제에서 중요한 역할을 했던 만큼 그리스 로마의 문학 작품에는 다양한 종류의 케이크가 나온다. 예컨대 2세기 후반 그리스의 철학자이며 웅변가였던 아테나이오스의 작품 《식탁의 현자들》에는 디오니소스 신의 제단에 보리 케이크를 바쳤다는 구절이 있다.

로마의 정치인이며 학자였던 카토는 그의 《농업론》에서 신에게 바치는 제물로 다양한 케이크를 만든다고 했다. 아이리스 여신에게는 말린 무화과와 호두로 장식한 꿀 케이크를, 페르세포네 여신에게는

초승달 모양의 케이크를 바치며, 사냥의 여신에게는 사슴 뿔 모양으로 만든 빵을 바친다는 기록이 있다.

지금은 케이크 모양이 둥근 형태가 일반적이지만 예전에는 신과 축제의 성격에 따라 모양이 다양했다. 신의 성격에 따라 제물로 바치는 케이크가 달랐기 때문이다. 그만큼 지금까지 이어지고 있는 생일 케이크와 웨딩 케이크 그리고 성탄절 케이크를 비롯해 각종 케이크의 기원도 다르다.

언제부터 케이크를 먹기 시작했을까

지금은 많은 나라에서 생일에 케이크를 자르고 생일 축하 노래를 부른다. 사실 이렇게 생일 케이크의 풍습이 널리 퍼진 것은 생각보다 오래되지 않았다. 19세기 중반 이후에야 유럽 국가에 널리 퍼졌고 생일 문화의 일부로 자리 잡았다.

생일 케이크가 널리 퍼지지 못했던 가장 큰 이유는 옛날에는 케이크가 아무나 먹을 수 있는 음식이 아니었기 때문이다. 달콤한 크림으로 장식한 케이크는 18세기까지만 해도 귀족들이 먹는 디저트였으며 상류층의 파티 음식이었다. 또 한 지역의 문화가 널리 퍼질 만큼 교통이 발달하지 못했던 이유도 있다.

생일 케이크뿐만 아니라 생일 축하 전통도 역사가 짧다. '해피 버스데이 투 유' 하고 노래를 부르며 생일을 축하하는 것 역시 20세기에 들어와서 알려지게 되었다. 지금은 스무 개가 넘는 언어로 번역되어 세계적으로 널리 부르는 노래로 자리 잡았지만 이 노래는 1893년 미국 켄터키 주의 한 유치원에서 만든 노래였다. 그것도 처음에는 생일 축하 노래가 아니었으며 1912년에야 가사가 만들어졌다.

생일 축하의 역사는 그다지 깊지 않다. 단지 유럽 전체에 고르게 퍼진 문화가 아닐 뿐, 생일날에 케이크를 먹은 역사는 고대 로마 이전까지 거슬러 올라간다.

고대 문헌에서 생일 케이크는 1세기 무렵 로마의 작가 오비디우스의 작품에 최초로 나온다. 《트리스타》라는 작품에 형제들이 생일에 케이크를 먹었다는 것을 보면 로마 시대에 생일 케이크가 있었다는 이야기다. 일부에서는 고대 그리스에서 아기가 태어난 날을 기념해 케이크를 먹는 풍습이 비롯되었다고도 한다.

고대 그리스 인은 사람이 태어나면 일생 동안 지켜보는 수호천사와

제우스

그리스 신화의 최고신이자 로마 신화의 주피터와 같다. 크로노스와 레아의 막내아들로 태어나 아버지를 왕좌에서 밀어내고 신들과 인간들의 지배자가 되었다. 주로 벼락을 손에 든 모습으로 독수리와 함께 표현된다.

악마가 있다고 믿었다. 평소에는 서로 교감할 수 없지만 생일에는 자신의 수호천사나 악마와 서로 영적으로 통할 수 있다고 생각했다. 이 때문에 생일이 되면 꿀을 바른 빵을 둥글게 달 모양으로 만들어 아르테미스 신전에 바치며 아이의 안녕과 행복을 빌었다. 아르테미스 여신은 제우스의 딸이자 달의 여신으로 널리 알려져 있지만 동시에 동식물의 다산과 번영을 주관하는 여신이며 출산을 돕고 어린아이를 지키는 수호신으로 숭배되었다. 그러니까 생일 케이크는 아이의 수호신인 아르테미스 여신에게 바치는 제물이었다.

결혼식 때 케이크를 자르는 웨딩 케이크 또한 로마 시대에 시작된 것으로 보고 있다. 고대 로마에서는 사제의 자녀들이 결혼할 때 밀로 만든 케이크를 자르고 나누어 먹는 의식이 있었다. 이 전통이 사제에서 평민 계급으로 전해지면서 지금까지 이어져 내려오고 있다는 것이다.

로마 시대에는 결혼식에서 신랑이 신부 머리에 케이크를 떨어트려 깨트리는 전통이 있었다. 당시의 케이크는 지금처럼 부드러운 크림 케이크가 아니고 딱딱한 빵이었기 때문에 부딪치면 조각이 나고 부스러기가 떨어졌다. 케이크가 다산과 장수를 의미했기 때문에 하객들은 부서진 케이크 조각을 나눠 먹으며 아들딸을 많이 낳고 오래 살기를 기원했다.

중세 영국에서는 갓 결혼한 신랑과 신부 사이에 케이크를 산더미처럼 쌓아 놓고 신랑 신부가 키스를 하면 아이를 많이 낳을 수 있다고

믿었다. 여기서 오늘날 여러 층으로 쌓은 웨딩 케이크가 유래되었다. 웨딩 케이크는 기본적으로 신부를 상징하는 것으로 영국 빅토리아 여왕 시대 이후에는 신부의 순결을 나타내기 위해 주로 흰색으로 만들었다. 하지만 요즘에는 흰색뿐만 아니라 신부의 웨딩드레스 색상과 케이크의 색깔을 맞추는 경우도 많다.

케이크의 유래에 관련된 설이 워낙 다양해서 어떤 이야기가 진실인지 확인하기 어렵다. 하지만 한 가지 분명한 것은 케이크는 특별한 날, 행복과 건강의 소망을 담았던 특별한 음식이었다는 것이다.

고사 상에 돼지머리를 올려놓고 소원을 비는 것은 우리나라의 오랜 풍습이다. 돼지 코와 입에 돈까지 꽂아 놓고 부자 되기를 빌면서 절을 하는데 이런 풍습은 어떻게 생겨났을까? 또 역사 속에서 돼지는 어떤 의미로 자리 잡게 되었는지 알아보자.

고사 상의 돼지머리는 미신일까

고사 상의 돼지머리나 돼지꿈은 과학적으로는 도저히 설명이 되지 않는다. 그래서 미신이라고 치부하기 쉽다. 하지만 우리 조상의 생활 모습을 들여다보면 이야기가 달라진다. 돼지가 행운을 가져다준다고 믿게 된 그럴듯한 이유가 있기 때문이다. 먼저 우리나라 역사에서 그

배경을 찾을 수 있다.

우리 고대 신화나 설화에서 돼지는 특별한 동물이었다. 돼지는 하늘과 인간을 이어 주는 소통의 매개체였다.

먼저 《삼국사기》에 실려 있는 기록을 보자. 고구려의 두 번째 수도 국내성은 하늘의 계시를 받은 돼지 덕분에 발견한 장소였다. 고구려 유리왕 21년, 제사에 쓸 돼지가 달아났다. 돼지를 쫓던 신하가 돌아와 유리왕에게 보고하기를 도망간 돼지를 잡고 주변을 둘러보니 지형이 깊고 험해 전쟁이 일어나도 외적의 침입을 막기에 적합하며, 땅이 비옥해 곡식을 키우기에 알맞다고 했다. 또 짐승과 물고기가 많아 수도를 옮긴다면 백성에게 이로운 장소라는 것이다.

유리왕이 이 말을 듣고는 고구려의 수도를 졸본성에서 이곳으로 옮겼는데 그게 바로 국내성이다. 지금의 중국 지린 성 지안 현이다. 말하자면 고구려의 수도 국내성은 하늘이 돼지를 통해 수도를 옮기라는 계시로 정해 준 곳이다.

하늘은 임금을 정할 때도 돼지를 통해 그 뜻을 알렸다. 《삼국사기》에 또 다른 이야기가 나온다. 고구려 제10대 산상왕은 아들이 없어서 하늘에 기도를 하고는 했다. 그런데 즉위 12년 겨울, 제사에 쓰려던 돼지가 도망을 가 주통촌이라는 곳에서 잡혔는데 그곳에 절세미인이 있다고 했다. 왕이 그 말을 듣고 여인의 집을 찾아가 합방했다. 이에 질투한 왕비가 이듬해 주통촌에 군사를 보내 몰래 여인을 죽이려 했다. 하지만 여자가 아기를 가졌다고 해서 왕비는 여인을 죽이지 못했다. 그리고 9월에 여인이 아들을 낳자 산상왕이 기뻐하며 왕자의 이름을 교체郊彘라고 지었다. 돼지라는 뜻이다. 고구려에서는 이렇게 돼지를 신과 통하는 동물, 신의 계시를 전달하는 영물로 여겼다.

고려가 수도를 송도, 지금의 개성으로 정한 것도 돼지의 도움 때문이다. 고려 태조 왕건의 조상들의 내력을 적은 《고려사》《고려 세계》에는 이와 같은 이야기가 실려 있다.

작제건은 고려 태조 왕건의 할아버지다. 작제건이 당나라에 갔다가 돌아오는 길에 서해 용왕을 도와주고는 그 딸과 결혼해 일곱 가지 보물인 칠보와 돼지를 얻어 돌아왔다. 예성강 강가에 집을 짓고 머물려고 하는데 용왕에게서 얻어 온 돼지가 일 년이 지나도록 집 안으로 들어오지를 않았다. 그러자 작제건이 돼지에게 "만약 이 땅이 살만한 곳이 못 된다면 네가 가는 곳으로 따라가겠다."고 말하자 돼지가 바로 길을 떠나 개성 송악산 남쪽 기슭에 이르러 그곳에 드러누웠다. 작제건은 그곳에 새 집을 지었다. 고려가 도읍지를 개성에 정하게 된 내력으로 고구려처럼 돼지가 신의 계시를 전달해 수도를 정했다는 것이다.

조선 태조 이성계가 왕이 된 것도 돼지와 관련 있다. 《조선왕조실록》에는 이성계가 조선을 건국하기 전 여러 조짐이 나타났다고 했다. 특히 어떤 사람이 이성계를 찾아와 진귀한 책을 바치며 그 속에 이 씨 성을 가진 사람이 하늘에서 돼지를 타고 내려와 삼한의 영토를 바로 잡을 것이라는 글이 실려 있음을 알려 주었다는 기록이 보인다.

《삼국사기》와 《고려사》 그리고 《조선왕조실록》 등 우리나라 정사를 적은 역사책에서는 이렇게 돼지가 인간에게 하늘의 뜻을 전하는 매개체로 등장한다.

우리 민속에서 돼지는 신과 인간을 잇는 소통의 매개체였을 뿐만 아니라 신의 화신으로 여겼다.

여기에는 먼 옛날부터 이어져 내려온 고대의 돼지 토템 신앙과 도교와 불교 그리고 무속 신앙이 복합적으로 얽혀 있다. 천문과 기상을 하늘의 뜻으로 여겼던 옛날에는 밤하늘에 떠 있는 북두칠성에 살고 있는 신들이 세상을 다스린다고 믿었다. 도교의 북두칠성 숭배 신앙이 그것이다. 불교 사찰에 모셔진 칠성당 역시 북두칠성 숭배 신앙의 결과다.

옛날 사람들은 돼지가 바로 북두칠성에 사는 신이라고 믿었다. 그것도 인간의 수명을 관장했을 뿐만 아니라 도량형의 기준인 자를 가지고 다니면서 곡식과 재물을 관할하는 재물 신이라고 생각했다. 이 때

도량형
길이나 부피, 무게 등을 재는 방법 및 그것을 재는 기구. 인류가 물물교환을 시작할 때부터 생겨나 인류의 문명과 함께 발전했다. 지금의 경제와 법률의 기초 체계로 볼 수 있다.

문에 돼지를 돈과 연결 지어 생각하게 되었다고 한다.

고사 상에 돼지머리를 올려놓고 절을 하고, 돼지꿈을 꾸면 행운이 찾아온다고 믿는 이유는 이런 믿음을 바탕으로 생겨난 풍속이다. 그리고 그 배경에는 곰을 숭배한 곰 토템이 단군 신화를 만들어 낸 것처럼 고대에 돼지를 숭배했던 돼지 토템과 동양의 뿌리 깊은 북두칠성 신앙 그리고 도교 신앙이 밑바탕으로 깔려 있다.

왜 돼지 저금통에 저금을 할까

돼지를 행운의 상징으로 삼은 풍습은 비단 우리나라 고사 상이나 돼지꿈에서만 찾아볼 수 있는 것은 아니다. 유럽 일부 나라에서도 돼지는 행운의 상징이다.

예를 들어 유럽에는 새해 음식으로 돼지 족발을 먹는 나라가 적지 않다. 독일이 그중 하나다. 새해 음식으로 돼지고기와 돼지고기로 만든 소시지를 먹는데 '슈바인학세'라는 족발이 빠지지 않는다. 이탈리아도 '잠포네'라고 부르는 돼지 족발을 새해에 먹는다. 또 족발처럼 생긴 소시지를 먹기도 한다.

왜 새해부터 돼지 족발을 먹을까? 유럽에서는 돼지가 행운을 가져온다고 믿었기 때문이다. 흔히 돼지는 먹성도 좋고 새끼도 많이 낳으니 풍요와 번영, 다산의 상징으로 삼았다. 게다가 돼지가 먹이를 찾을 때는 주둥이로 앞을 헤치며 나가기 때문에 새해에는 앞으로 쭉쭉 나아가기만을 기원한다는 의미가 있다. 하지만 그것이 전부가 아니다.

또 다른 배경이 있다. 돼지가 행운을 가져다준다는 고대 게르만 족의 토템 신앙에서 비롯된 풍습도 있다. 독일을 비롯한 중부 유럽과 스칸디나비아 반도에는 돼지 토템이 널려 퍼져 있다. 단군 신화에 우리가 곰의 자손으로 나오는 것처럼 고대 게르만 족 역시 자신을 멧돼지의 자손이라고 생각했다. 그래서 야생 멧돼지를 신성한 동물로 여겼고 더불어 집돼지까지 부와 행운의 상징이 되었다는 것이다.

아이들에게 돼지 저금통을 선물로 주는 풍습도 여기서 비롯되었다. 게르만 언어에서 발달한 영어와 독일어에서도 이런 흔적을 발견할 수 있다.

영어 속담에 '클로버 풀밭의 돼지'라는 뜻의 'pig in clover'는 경제적으로 풍족함을 상징한다. 행운의 클로버와 행운의 돼지가 겹치면서 부를 상징하는 속담이 되었다. 독일어에서는 돼지를 품는다는 말

'Schwein haben'이 행운이라는 뜻으로 통한다. 돼지를 풍요의 상징으로 삼았던 풍습에서 비롯된 속담이다.

고사 상의 돼지머리와 돼지꿈 그리고 돼지 저금통 등 그 풍습의 배경을 알고 보면 먼 옛날부터 이어져 내려온 민속이 자리하고 있다. 비과학적인 미신이 아니라 나름의 합리적인 풍습이다.

하루 한입
과학사

우리 식탁 위에 놓인 음식은 자연에서 생겨난 그대로
먹는 경우는 거의 없다. 모두 과학과 기술을 바탕으로
품종을 개량해 질을 높이고 수확량을 늘린 결과물이
다. 음식 하나하나에 담긴 과학의 흔적을 찾아보자.

스파이와 과학의 새콤달콤한 만남, 딸기

빨갛고 탐스럽게 익은 맛있는 딸기. 우리는 언제부터 딸기를 먹었을까? 먼 옛날부터 먹었을 것 같지만 아니다. 우리가 딸기를 먹기 시작한 것은 불과 200년 정도밖에 되지 않는다. 그렇다면 지금 우리가 먹는 딸기는 어떻게 생겨났을까?

프랑스의 스파이가 관찰한 딸기

옛날에는 지금과 같은 딸기가 없었다. 그렇다면 옛날 사람들은 아예 딸기를 먹지 않았을까? 딸기를 먹기는 먹었다. 다만 지금 우리가 먹는 딸기와는 다른 야생 딸기를 먹었다. 옛날 사람들이 먹었던 딸기는 산딸기나 멍석딸기, 뱀딸기와 같은 야생 딸기였다. 대부분의 종자

80

가 크기도 작을 뿐만 아니라 산딸기나 복분자 같은 몇몇 종류를 제외하면 맛도 없고 향기도 없어서 아예 먹지 않았다. 딸기는 먹는 과일이 아니라 관상수였다.

지금 우리가 먹는 딸기는 과학이 만든 결과물이다. 야생 딸기를 사람이 열심히 교배한 것이 지금의 딸기다. 그렇다면 지금의 딸기를 만들어 내기까지 어떤 배경이 있었을까?

1712년 칠레 해안가의 숲에서 어느 날부터 프랑스 식물 학자가 야생 딸기를 열심히 관찰하는 모습이 자주 눈에 띄기 시작했다. 얼마나 열정적인지 비가 오나 눈이 오나 하루도 쉬지 않고 해안가를 샅샅이 뒤지며 야생 딸기 종자를 채집하며 기록했다. 그 학자의 수첩에는 칠레의 야생 딸기와 관련된 각종 기록과 숫자가 마치 암호문처럼 빽빽하게 적혀 있었다.

그 프랑스 식물 학자의 이름은 아메데 프랑스와 프레이저. 지금 우리가 먹고 있는 딸기를 만들어 내는 데 큰 역할을 했다.

사실 프레이저의 직업은 식물 학자가 아니었다. 프랑스 육군 정보국 소속의 중령이었다. 물론 아마추어 식물 학자로서 야생 딸기와 관련해 조예가 깊은 사람이기도 했다. 프레이저가 칠레의 야생 딸기를 관찰하면서 수첩에 빼곡하게 적어 놓은 기록 역시 야생 딸기에 관한 기록도 있었지만 많은 내용이 군사 정보를 적은 암호였다.

칠레 해안가에 설치된 요새와 주둔하고 있는 병력, 대포의 숫자, 병참 공급 현황과 같은 군사 정보는 물론이고 당시 칠레를 통치했던 스페인 총독의 근황과 주민들의 움직임까지 칠레의 정치, 경제, 사회와 관련된 모든 정보가 함께 적혀 있었다.

루이 14세
'태양왕'이라 불리는 프랑스의 왕. 다섯 살밖에 안 되는 어린 나이에 왕위에 올라 72년 동안 절대 권력을 휘둘렀다. 베르사유 궁전을 짓고 수많은 전쟁을 벌이기도 했다.

프레지어 중령을 칠레에 파견한 사람은 당시 프랑스 국왕이었던 루이 14세였다. 프랑스에서 멀리 떨어진 칠레에 스파이를 보낸 것은 유럽 정치의 흐름을 살피기 위한 것이었다. 루이 14세는 자신의 왕권과 스페인에 대한 프랑스의 세력을 유지하기 위해 스페인의 정보를 수집했다. 반대파들이 자신을 몰아내려고 하면 곧바로 군사를 보낼 생각이었던 것이다. 그래서 프레지어 중령이 야생 딸기의 종자를 관찰하고 채집한 것은 스파이 활동을 감추기 위한 위장이었다.

프레지어 중령은 임무를 성공적으로 완수하고 1714년 프랑스로 귀

국했다. 그리고 칠레의 군사 정보가 담긴 지도를 제작해 루이 14세에게 주었다. 프레지어 중령이 금화 천 냥을 상금으로 받은 것을 보면 루이 14세가 프레지어 중령이 그린 군사 지도에 아주 만족했던 모양이다.

칠레 딸기와 미국 딸기와의 만남

스파이 활동을 끝내고 프랑스로 귀국한 프레지어 중령은 그동안 꼼꼼하게 관찰하고 스케치했던 내용을 바탕으로 칠레의 딸기에 대해서 책을 썼다. 그리고 귀국할 때 가져온 칠레의 야생 딸기를 파리의 정원에 심었다.

이 무렵 유럽에서 딸기는 먹는 과일이 아니라 정원에 심는 관상용 열매였다. 먼 옛날부터 유럽에서는 딸기를 관상용 나무로 키웠다. 로마 시대의 시인 버질의 시에도 딸기를 관상용으로 심었다는 내용을 볼 수 있다. 중세 유럽 귀족들도 야생의 딸기를 정원으로 옮겨 와 정원수로 키웠다.

딸기나무가 정원수로 인기가 높았는지 유럽 정원사들은 유럽의 토종 딸기나무는 물론 다른 지역의 딸기나무도 가져와 재배하고 품종을 개량하려고 노력했다. 이런 딸기나무 중에 북미 대륙에서 가져온 버지니아 야생 딸기가 있다. 키가 작고 열매가 단단한 야생 딸기로 17세기에 영국에 전해졌지만 널리 퍼지지 못했다. 하지만 꾸준히 품종 개량을 해 18세기 후반에는 약 서른 종류의 변종이 생겨났다.

프레지어가 칠레의 야생 딸기를 프랑스로 가져온 것도 관상용으로 재배하고자 한 것이었다. 칠레의 야생 딸기는 유럽에서 키우던 다른 딸기나무와 다르게 꽃이 컸다. 꽃이 크게 피는 만큼 열매 역시 빨갛고 예쁘면서도 계란만 한 크기의 탐스런 열매를 맺었지만 먹을 수는 없었다.

게다가 칠레의 해안가처럼 기후가 온화한 지역에서는 잘 자랐지만 사계절이 뚜렷한 프랑스에서는 풍토가 맞지 않아 칠레의 야생 딸기는 잘 자라지도 못하고 열매도 제대로 맺지 못했다. 그 때문에 프레이저는 다른 야생 딸기와의 교배를 통해 품종 개량을 시도했지만 별다른 성과를 거두지 못했다.

그러다 1759년 영국의 식물 학자 필립 밀러가 칠레의 야생 딸기의 수술과 북미의 버지니아 야생 딸기의 암술을 교배시켜 새로운 종자를 얻는 데 성공했다. 이 종자에서는 메추리 알만 한 크기의 빨갛고 탐스러운 열매가 열려 먹을 수도 있었다. 바로 지금 우리가 먹고 있는 딸기의 원조인 것이다.

딸기의 학명인 '아나나사'는 라틴 어로 파인애플이라는 뜻으로 열매의 생김새가 솔방울 혹은 파인애플을 닮아서 붙여진 이름이다. 그리고 1806년에는 품종이 우수한 묘목을 선별해 대량으로 재배를 시작했다.

이런 과정을 거쳐 먹을 수 있게 된 딸기는 요즘 사람들에게는 익숙한 과일이어서 먼 옛날부터 먹었을 것 같다. 하지만 자연에서 자라는 산딸기가 아닌 재배해서 딸기를 먹기 시작한 것은 기껏해야 200년 남짓밖에 되지 않는다.

한편 우리나라에서 본격적으로 딸기를 재배한 것은 20세기 이후부터다. 1930년대까지만 해도 딸기를 산딸기와 구분해 하나 같이 양딸기라고 표기한 것을 보면 이 무렵에만 해도 토종 딸기와 다르게 널리 보급되지는 않았던 것으로 추정된다.

당나라 사람들의 장수 비밀, 국수

옛날부터 국수를 먹으면 오래 산다고 믿었다. 면발처럼 길고 오래 살라는 뜻에서 잔칫날이면 국수를 먹었다고 한다. 터무니없는 미신이라고 생각할지도 모르겠지만 어쩌면 여기에는 과학적이고 합리적인 이유가 있었던 것은 아닐까?

우리는 언제부터 국수를 먹었을까

먼 옛날부터 조상들은 국수를 먹으며 오래 살기를 빌었다. 지금은 국수를 평소에도 먹지만 옛날에는 주로 특별한 날에 먹었다. 이를테면 백일이나 돌, 결혼, 환갑 잔치 같이 경사스러운 잔칫날 국수를 준비했기에 잔치 국수라는 이름이 생겼다.

잔칫날 국수를 먹은 이유는 크게 두 가지다. 첫째 옛날에는 밀가루로 만든 국수가 귀했다. 그래서 국수는 경사스런 날 손님을 대접할 만큼 귀한 음식이었다. 둘째는 앞서 말했듯이 기다란 면발처럼 오래 살기를 바라는 소원이 담겨 있다. 돌잔치 때는 아이가 병에 걸리지 않고 건강하게 무럭무럭 자라기를 빌며 국수를 먹었고, 결혼 잔치에서는 부부가 백년해로하기를 빌었다. 환갑 잔치 때는 장수를 축하하는 동시에 더 건강하고 오래 살기를 바라는 의미에서 국수를 먹었다.

우리나라뿐만이 아니다. 중국에서도 생일에 국수를 먹었다. 오래 살기를 소원하는 국수라는 의미에서 '장수면'이라고 불렀다. 일본 역시 국수를 먹으면 오래 산다는 속설이 있다. 그래서 일본에서는 메밀국수인 소바를 먹으며 행운을 빌었다고 전해진다.

그렇다면 언제부터 국수를 먹으며 소원을 빌었을까? 지금으로부터 약 1200년 전 무렵인 중국 당나라 때부터라고 짐작된다. 이 무렵 문헌에 국수를 먹으며 오래 살기를 소원한다는 기록이 보이기 때문이다.

당나라 시인 유우석의 시에는 '젓가락을 들어 밀가루 음식을 먹으며 하늘의 기린만큼 오래 살기를 축원한다.'는 구절이 있다. 여기서 기린은 아프리카 초원에 사는 기린이 아니라 동양의 전설 속에 나오는 동물이다. 용과 봉황, 거북이와 함께 장수를 상징하는 동물로 여겼으며 보통 천 년을 산다고 믿었다.

이어서 중국 송나라 때 책 《의각료잡기》에도 '당나라 사람들은 생일

에 다양한 종류의 밀가루 음식을 먹는데 세상에서는 이를 오래 살기를 소원하는 국수라고 부른다.'는 기록이 있다.

그렇다면 우리나라는 언제부터 국수를 먹었을까? 고려 중기 이전으로 보고 있다. 국수와 관련된 우리나라 최초의 기록은 송나라 사신 일행으로 고려를 다녀간 서긍의 《고려도경》에 실려 있다.

서긍을 포함한 송나라 사신 일행이 고려 국경에 들어서자 고려 관리들이 영접을 나와 대략 열 가지 종류의 음식을 대접했는데 그중에서 국수가 으뜸이었고 해산물은 진기했다는 내용이 있다. 당시 고려에는 밀이 적기 때문에 송나라에서 수입해 왔다. 그래서 당시 문헌에는 밀가루 값이 대단히 비싸서 큰 잔치가 아니면 밀가루를 쓰지 않는다는 기록도 있다. 이러한 기록들을 보면 고려 시대에는 국수가 아주 귀한 음식이었음을 알 수 있다.

중국에서는 언제부터 국수를 먹었을까? 쌀밥을 먹는 입식 문화권인 우리와 달리 중국의 북방은 밀가루 음식을 먹는 분식 문화권이었다. 하지만 밀가루로 만든 국수는 중국에서도 귀한 음식이었기 때문에 마음대로 먹을 수 있는 음식은 아니었다.

밀을 가루로 만들어 반죽한 후 수제비나 만두로 빚어 먹은 것은 대략 3세기 이전으로 추정된다. 《삼국지》에서 제갈공명이 만두를 만들었다고 하는 시기와 비슷하다. 짧지만 국수 형태의 모양새를 갖춘 것은 대략 6세기 무렵부터였을 것으로 보인다. 남북조 시대의 역사를 기록한 《북사》에 북제의 문선 황제가 생일날 탕병을 먹었다는 기록이 보이는데 탕병은 밀가루로 빚은 떡국이나 국수 같은 음식이다.

그러니까 중국에서 면발이 기다란 국수가 만들어진 시기는 대략 5~6세기부터 시작해 11~12세기에 현재와 같은 국수가 완성된 것으로 본다.

정말 국수를 먹으면 오래 살 수 있을까

사람들은 왜 국수를 먹으며 오래 살기를 소원했던 것일까? 정확하게 증명할 수는 없지만 밀가루 음식의 역사를 보면 어느 정도는 이해할 수 있다.

밀은 기원전 10세기 이전에 메소포타미아에서 중앙아시아를 거쳐 중국으로 전해졌다. 이 무렵만 해도 밀가루를 껍질 채로 볶아서 먹었다. 그러다 중국의 서쪽 지역에서 맷돌이 전해지면서 기원전 2, 3세기 무렵부터 밀을 거칠게나마 빻아서 가루를 낸 후에 쪄서 먹기 시작했다고 짐작된다.

그러다 서양에서 물레방아가 전해지면서 제분 기술이 발달해 밀을 곱게 빻을 수 있었다. 이때부터 밀가루 반죽으로 국수를 길게 늘이기 시작했는데 그 시기를 대략 당나라 전후로 보고 있다.

국수 면발이 길어지면서 식품의 영양도 더욱 풍부해졌다. 중국에서 당나라 이전까지 밀과 밀가루는 왕과 몇몇 귀족, 부자들이나 먹을 수 있는 귀한 음식이었다. 백성들은 귀리나 수수 혹은 지금은 논밭에서 보는 즉시 잡초라고 뽑아 버리는 피와 같은 거친 곡식을 먹었다. 그리고 진짜 가난한 사람들은 피죽도 먹지 못했다.

이렇게 거칠고 험한 음식을 먹던 사람들이 그와는 상대적으로 소화도 잘 되고 영양도 풍부하고 곱게 빻아 반죽해 길게 늘인 국수를 먹게되면서 수명이 늘어나기 시작했다. 당나라 때 사람들의 평균 수명은

대략 38살이었다고 한다. 하지만 이 무렵에도 귀족이나 부자는 60세를 넘도록 살면서 장수를 기념해 환갑 잔치를 열었다.

그러니 당나라 사람들은 고운 밀가루로 만든 국수를 보면서 나도 저렇게 면발이 긴 국수를 먹으면 하늘의 기린만큼 오래 살 수 있을 것이라는 믿음을 품게 되지 않았을까. 그래서 당나라 때부터 국수를 먹으며 오래 살기를 소원했다는 말이 문헌에 자주 등장했던 것이다.

국수를 먹으면 오래 산다는 말이 지금은 터무니없는 소리처럼 들리지만 적어도 천 년 전에는 그렇게 믿을 수 있을 만큼 충분히 과학적인 근거와 역사적인 이유가 있었다.

동서양 제빵 기술의 만남, 붕어빵

어느 날 돌연변이처럼 갑자기 생겨난 음식은 없다. 붕어빵도 마찬가지이다. 기술적으로 보면 오랜 세월 동서양의 금속 기술과 제빵 기술이 축적되고 합쳐지면서 만들어진 결과물이다. 붕어빵의 기원을 찾아 시간 여행을 떠나 보자.

붕어빵은 누가 처음 만들었을까

우리가 언제부터 붕어빵을 먹었는지는 알 수 없다. 주로 군것질이나 푼돈으로 사 먹는 거리의 음식이다 보니 붕어빵에 관한 자세한 기록이 없다. 다만 많은 사람이 붕어빵을 1960~1970년대부터 먹었던 것으로 기억한다.

그렇다고 그전에 붕어빵과 비슷한 빵이 없었던 것은 아니다. 붕어빵과는 생김새가 다른 국화빵이 있었다. 시대적으로 명확하게 구분하기는 어렵지만 옛 신문 기사를 찾아보면 국화빵은 주로 1950∼1960년대에 유행했다. 6·25전쟁 무렵에 찍은 사진에 국화빵이 보이니 풀빵을 만들기 시작한 것은 적어도 1950년대 이전일 것이다.

붕어빵과 국화빵을 예전에는 풀빵이라고도 불렀다. 밀가루를 풀처럼 반죽을 해서 구운 빵이었기 때문이다. 가난했던 시절 어린이에게는 붕어빵이나 국화빵 같은 풀빵이 환상적인 군것질거리였다. 주머니 사정이 가벼운 어른들은 한 푼이라도 아끼려고 풀빵으로 끼니를 때웠던 시절도 있었다.

그렇다면 붕어빵을 누가 처음 만들었을까? 붕어빵이나 국화빵은 금속으로 된 빵틀에 묽게 반죽한 밀가루를 붓고 단팥을 넣어서 굽는다. 이런 형태의 빵은 우리나라에서 처음 만들어진 것이 아니다. 일본에서 전해진 것으로 추정된다. 일본에 붕어빵과 똑같은 형태의 도미 빵이 있기 때문이다. 우리나라에는 일제 강점기 때 도미 빵이 들어와 국화빵과 붕어빵이 된 것으로 보는 견해가 많다.

붕어빵의 원조로 추정되는 일본 도미 빵의 기원에 대해서도 여러 설이 있는데 보통은 1909년 도쿄에 나니와가라는 제과점에서 처음 만든 것으로 본다. 이곳에서 물고기 모양의 빵틀에 밀가루에 계란과 설탕을 넣은 반죽을 붓고 단팥으로 소를 넣어 구워 팔면서 '다이야키'라고 불렀고 이 빵이 인기를 얻으면서 지금의 도미 빵으로 발전했다. 일본어로 다이는 도미, 야키는 구이니 다이야키는 곧 도미 구이라는 뜻이다.

그런데 일본에서는 왜 빵을 생선 모양으로 만들어 구웠을까? 또 수많은 생선 중에서 특별히 도미 빵이라고 이름을 지은 이유가 뭘까? 일본에서는 당시 도미가 최고급 생선이었기 때문이다. 그래서 이왕이면 제일 좋은 생선 모양으로 만들었던 것인데 평소 도미는 비싸서 먹을 엄두도 내지 못했던 일본 서민들이 도미 대신 도미 빵을 먹으며 행복해 했다고 전해진다.

그렇다면 우리는 왜 붕어빵일까? 정확한 배경은 알 수 없지만 우리나라에서 붕어가 가장 친숙한 생선이었기 때문으로 추정한다. 지금은 민물고기인 붕어를 많이 먹지 않지만 1960년대 이전 서울에서는 바다 생선보다 주로 민물고기를 먹었다. 조선 시대부터 서울 사람에게 가장 익숙한 생선은 붕어였다. 그 때문에 붕어빵이라는 이름을 붙였을 것으로 짐작한다.

그런데 우리 붕어빵과 일본 도미 빵은 생긴 것은 비슷하나 재료가 다르다. 붕어빵은 기본적으로 밀가루 반죽을 풀처럼 묽게 쑤어 만든 풀빵이다. 가난한 시절에 발전했던 대중적이며 서민적인 간식이다. 반면 일본 도미 빵은 값싼 거리 음식이 아니었다. 처음 도미 빵을 만들었을 때 밀가루를 계란과 설탕으로 반죽했다. 계란과 설탕이 귀하던 시절이니 고급 재료로 만든 빵이다. 그래서 지금도 도쿄에서 도미 빵을 사면 생각보다 만만치 않은 가격에 놀란다. 고급 빵의 전통이 이어졌기 때문이다.

비슷한 물고기 모양의 빵이지만 붕어빵과 도미 빵이라는 이름에는 이렇게 한국과 일본의 문화적 배경이 반영되어 있다.

동양의 만두와 서양의 와플이 결합한 붕어빵

그렇다면 도미 빵은 어떻게 생겨났을까? 그 기원을 찾아가면 18세기 후반 일본 도쿄에서 발달한 음식과 만나게 된다. 밀가루에 계란과 설탕을 넣어 반죽한 후 단팥을 소로 넣어 빵틀에 굽는 빵이다. '이마가와 야키'라는 이름으로 일본 식품 학자들은 이 빵을 도미 빵의 시조로 보고 있다. 이마가와는 도쿄에 있는 다리 이름으로 18세기 후반에 이 빵을 처음 만든 상점이 이 다리 부근에 있었기 때문에 이마가와 야키라는 이름이 생겼다.

이마가와 야키는 이름이 낯설어서 그렇지 우리나라 오방떡과 비슷하다. 오방떡은 둥근 모양 빵틀에 반죽을 넣어 구운 빵인데 일본에서는 오방야키라고 한다. 오방은 옛날 일본에서 사용하던 금화다.

그러니까 붕어빵의 족보를 따져 보면 도미 빵을 거쳐 18세기 후반,

일본의 이마가와 야키까지 거슬러 올라가는데 이마가와 야키는 사실 일본 전통 과자가 아니다. 서양 빵을 일본인의 입맛에 맞도록 변형시킨 식품이다.

우리의 붕어빵과 국화빵, 오방떡 그리고 일본의 도미 빵과 오방야키, 이미가와 야키의 공통점은 특정한 모양의 빵틀에 반죽을 넣고 구워서 똑같은 모양의 빵을 대량으로 찍어 낸다는 것이다.

서양의 빵 중에서도 기계로 찍어 내는 것처럼 틀에서 굽는 빵이 와플이다. 와플은 특정 무늬가 새겨진 두 개의 금속판을 경첩으로 연결해 여닫을 수 있도록 만든 후 그 사이에 밀가루 반죽을 넣고 양면으로 굽도록 고안된 도구로 만든다. 우리의 붕어빵, 일본의 도미 빵과 와플을 비교하면 틀이 물고기 모양이라는 것과 와플이 벌집 모양이라는 것만 다를 뿐이다.

붕어빵의 족보를 거슬러 올라가면 결국 서양의 와플까지 뿌리가 닿는다. 틀에서 굽는 빵이라는 점에서 보면 비슷하다. 하지만 붕어빵에 들어 있는 단팥의 뿌리는 동양에 두고 있다. 만두에 들어 있는 소처럼 찐빵에 들어 있는 단팥이 뿌리라는 것이다.

일본의 음식 문화 사학자인 오카다 데쓰는 《국수와 빵의 문화사》에서 일본에서 개발한 빵들은 동서양의 퓨전 식품이라고 주장한다. 밀반죽을 굽는 서양 빵과 속을 채워 넣은 동양 만두가 결합한 것이라고 생각하기 때문이다. 무심코 먹는 붕어빵이지만

만두
밀가루나 메밀가루 반죽에 고기나 두부, 김치 등으로 버무린 소를 넣고 찌거나 튀긴 음식. 중국에서는 소를 넣지 않고 찐 떡을 만두라고 하고, 소를 넣은 것을 교자라고 부른다. 우리나라에서는 고려 명종 때 만두에 관한 최초의 기록이 보인다.

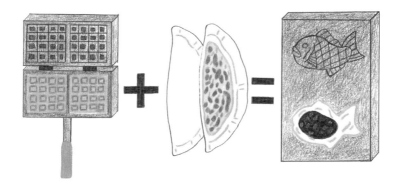

그 속에는 동서양의 음식 문화사가 모두 담긴 것이라 할 수 있다.

기술적인 면에서도 주목할 부분이 있다. 붕어빵의 원조가 되는 와플이 결국은 기술 발달이 고도로 축적되면서 만들어진 식품이다.

먼저 와플의 뜻을 알아보자. 와플이라는 이름은 중세 네덜란드 어로 벌집이라는 뜻의 바펠에서 나온 말이다. 와플을 보면 벌집처럼 네모 칸이 촘촘히 들어차 있다. 그런데 왜 와플을 벌집 모양으로 만들었을까?

와플이 벌집 모양이 된 것은 13세기 중세 유럽 무렵이다. 지금 기준으로 보면 와플 만드는 틀이 특별할 것이 없어 보이지만 당시로서는 첨단 기술의 집합체였다. 빵을 골고루 익히려면 금속판을 균일하게 벌집처럼 올록볼록하게 만들어야 했다. 이렇게 금속판을 만드려면 합금과 주물 기술이 뒷받침되어야 했다. 이렇게 기술이 발전한 덕분에 중세 유럽에서 벌집 모양의 와플을 만들게 되었다.

흥미로운 것은 이런 금속 기술의 발전으로 와플 틀이 만들어지면서 제빵 제과 기술도 발전하게 되었다. 와플 틀이 유럽의 여러 나라로 퍼지면서 와플 이외의 다양한 서양 과자가 발달하기 시작했다.

먼저 중세 네덜란드 바펠이 영국으로 건너가면서 두 종류의 식품이 만들어졌다. 하나는 와플이고 또 다른 하나는 웨하스다. 바펠의 알파벳 L이 R로 바뀌면서 웨이퍼Wafer가 되었는데 이 단어가 한국으로 건너와서는 웨하스가 되었다. 또 바펠이 프랑스로 건너가면서 고프레가 되었다. 고프레는 크림이 들어 있는 얇은 프랑스 과자로 고대 프랑스어로 벌집이라는 뜻이 있다.

그리고 아이스크림콘도 와플과 관련 있다. 아이스크림을 담은 과자인 콘의 무늬는 대부분 네모 칸이 있는 벌집 모양이다. 아이스크림콘은 20세기 초, 미국 세인트루이스 박람회에 처음 등장했는데 아이스크림 담는 접시가 부족해 와플을 말아서 담은 것이 아이스크림콘의 시초다.

역귀를 물리친 과학 한 그릇, 팥죽

보통 12월 21일과 22일 무렵인 동지는 팥죽을 먹는 날이다. 귀신이 팥의 붉은색을 무서워하기 때문에 팥죽을 먹어 나쁜 귀신을 쫓는 것이다. 동지 팥죽의 유래를 살펴보면 뜻밖의 의미가 담겨 있다고 한다.

왜 동짓날 팥죽을 먹을까

동짓날 팥죽은 전염병을 옮기는 귀신을 막았다고 한다. 그래서 우리 조상은 동짓날 팥죽을 쑤어 먹었을 뿐만 아니라 집안 곳곳에 팥죽을 뿌렸다. 귀신이 들어오는 것을 막으려는 풍습이다.

그리고 동지 팥죽은 새알심을 넣어 끓이는데 가족의 나이 수대로 넣어 먹었다. 그래서 팥죽을 먹어야 설날 떡국을 먹을 때처럼 한 살을 더 먹는다는 말도 전해져 내려온다.

이렇게 팥죽 먹는 풍습이 우리나라에만 있는 게 아니다. 형태는 조금씩 다르지만 중국과 일본에서도 팥죽을 먹었다. 지금도 중국 시골에서는 동지가 되면 만두를 빚고 팥죽을 먹는다. 일본에서는 정월 대보름에 나쁜 기운을 물리치고 한 해의 건강을 기원하면서 팥죽을 먹는 풍습이 있다. 우리나라나 중국과는 달리 동짓날이 아니라 대보름에 팥죽을 먹었던 것이다.

한국과 중국, 일본에서 동짓날 혹은 대보름에 먹는 팥죽은 모두 그 유래가 같다. 조선 후기에 우리나라의 풍습을 기록한 책인 《동국세시기》에 동지 팥죽의 뿌리가 적혀 있다.

형초세시기에 공공씨에게 재주가 없는 아들이 있었는데 그 아들이 동짓날 죽어 역귀가 되었다. 그 아들이 생전에 팥을 무서워했기에 동짓날 팥죽을 쑤어 물리치는 것이다.

동지 팥죽의 의미를 정확하게 알기 위해서는 《형초세시기》에 나오는 내용의 시대적 의미와 상징성을 먼저 이해할 필요가 있다.

《형초세시기》는 약 6세기 무렵의 중국 풍습을 기록한 책이다. 설날부터 섣달 그믐날까지의 풍습을 적었으며 우리나라 《동국세시기》와 일본의 《일본세시기》가 모두 이 책을 바탕으로 쓴 책이다.

형초는 지금의 중국 후베이 성과 후난 성 등 양쯔 강 중류 지역이다. 중국 문화가 발달한 곳이면서 대표적인 곡창 지대지만 양쯔 강이 범람해 수시로 홍수 피해를 입었던 곳이다.

《형초세시기》에는 중국 신화에 나오는 강을 다스리는 신 공공씨가 등장한다. 그는 성질이 난폭해 때로는 홍수를 일으킨다. 농사를 짓는 백성들에게는 공공씨가 생명 줄인 강을 다스리는 신이자 홍수의 신이기 때문에 존경의 대상이자 두려움의 대상이었다.

공공씨의 아들은 재주가 없다고 했다. 이 말은 농사에 도움이 되는 일은 잘 못 하고 말썽만 피운다는 뜻이다. 죽어서 역귀가 되었다고 했는데 역귀는 귀신 중에서도 전염병을 옮기는 귀신이다. 현대적으로 해석하자면 전염병을 옮기는 세균을 뜻한다.

이 내용을 풀이하자면 공공씨가 홍수를 일으켰고 그 결과 전염병이 돌았다는 뜻이다. 역귀가 된 아들이 팥을 무서워했기에 팥죽을 쑤어 물리친다는 것은 홍수가 나서 전염병이 돌았을 때 팥죽을 먹으며 예방하거나 치료했다는 뜻으로 풀이할 수 있다.

역귀가 가장 무서워했던 동지 팥죽

그런데 역귀가 된 공공씨의 아들은 왜 팥을 무서워했을까?《형초세시기》에는 팥이 붉은 색이기 때문에 무서워한다는 내용은 한 글자도 없다. 그래서 팥의 영양 성분에서 그 이유를 짐작할 수 있다.

6세기 무렵의 쌀과 밀은 왕족이나 귀족들만 먹을 수 있었던 상류층의 곡식이다. 반면 팥은 동아시아가 원산지였기에 백성이 가장 쉽게

구할 수 있는 영양가 높은 곡식이었을 것이다.

또 팥은 따뜻한 성질을 지니고 있어서 추운 겨울에 먹으면 좋은 음식이다. 《동의보감》에도 팥은 성질이 따뜻하고 설사와 이질을 멎게 한다고 나온다. 그만큼 홍수로 강물이 범람한 이후에 도는 전염병을 예방하거나 치료하는 데 좋은 음식이다.

동짓날은 겨울 중에서도 가장 추울 때다. 그렇기 때문에 팥죽을 뜨겁게 끓여 먹음으로써 한기를 쫓아 추위를 이겨 내고 동시에 겨울철에 부족했던 영양을 보충한다는 의미가 있다. 그래서 병을 옮기는 귀신인 역귀가 팥을 가장 두려워했던 것이다.

그런데 왜 하필 동짓날에 팥죽을 먹었을까?《동국세시기》에서는 동지가 '아세'이기 때문이라고 했다. 아세란 작은 새해, 내지는 새해에 버금가는 날이라

동의보감
조선 중기 허준이 왕명을 받아 실제로 환자를 치료하면서 경험한 의학 정보와 함께 중국과 우리나라의 의학 지식을 하나로 모아 만든 한의학 백과사전이다. 그 가치를 인정받아 유네스코 세계 기록 유산으로 등재되었다.

는 뜻이다. 그런데 왜 동지를 옛날에는 작은 새해라고 불렀을까?

동지를 글자 그대로 풀이하면 겨울이 끝나는 날이라는 뜻이다. 하지만 동지는 양력으로 12월 21일에서 23일 사이니까 추워도 한참 추울 때다. 이 때문에 동지는 겨울이 끝나는 날이 아니라 본격적으로 시작되는 날이라고 생각된다. 하지만 태양의 움직임으로 보면 이날 겨울이 끝났다는 말은 전혀 틀리지 않는다.

과학적으로 풀이하자면 계절은 태양이 움직이는 고도에 따라 달라진다. 여름이 끝나는 날인 하지는 태양이 움직이는 궤적의 고도가 가장 높은 날이다. 반면 겨울이 끝나는 날인 동지는 태양의 고도가 가장 낮은 날이다. 그 때문에 동짓날이 밤의 길이가 가장 길고 낮의 길이는 제일 짧아지는 것이다.

동지는 태양이 움직이는 궤적이 가장 낮은 곳까지 갔다가 다시 높은 곳으로 돌아오기 시작하는 날이기 때문에 태양이 부활하는 날이다. 바꿔 말해 태양의 움직임으로 보면 한 해가 다시 새롭게 시작되는

설날이었다.

사실 우리가 설날이라고 하는 정월 초하루는 멀고 먼 옛날부터 설날이었을 것 같지만 달력의 역사로 따져 보면 그다지 오래전이 아니다. 기원전 104년에 음력 정월 초하루를 새해의 시작으로 정했으니 불과 2100년 밖에 되지 않았다.

중국의 역법에서 새해는 시대에 따라 달랐는데 하나라는 음력 1월, 은나라는 음력 12월, 주나라는 음력 11월, 진나라는 음력 10월이었다. 그리고 한나라 때 다시 음력 정월이 새해가 되었다.

동지 팥죽은 그러니까 우리가 새해 설날에 떡국을 먹고, 만두를 먹는 것처럼 옛날에는 새해나 새해에 버금가는 아세에 먹는 설날 음식이었던 셈이다.

동짓날 귀신을 쫓는 의미에서 먹는다는 동지 팥죽은 미신이 아니라 조상이 만들어 낸 나름의 과학이라고 할 수 있다.

동지 팥죽의 진정한 의미는 귀신이 팥의 붉은 색을 무서워하기 때문이 아니다. 해가 바뀌는 동짓날, 한 해 동안 병에 걸리지 않고 건강하게 살게 해 달라는 기원의 의미였던 것이다.

치즈와 버터의 훌륭한 모방, 두부

두부는 '뼈 없는 고기'라고 할 만큼 단백질이 풍부하다. 그렇다면 두부는 누가 최초로 만들었을까? 몰랑몰랑하면서도 탱글탱글한 두부의 식감을 누가 만들어 냈고 또 어떻게 지금까지 전해졌는지 알아 보자.

두부는 누가 처음 만들었을까

두부의 좋은 점은 한둘이 아니다. 단백질이 풍부할 뿐만 아니라 식물성인 만큼 살찔 걱정도 없다. 그만큼 건강한 식품이라 두부를 인류가 발명한 최고의 식품이라고도 한다.

그렇다면 두부는 누가 처음 만들었을까? 두부는 콩을 갈아 콩물을 만든 후 소금에서 뽑은 간수를 넣어 굳혀 만든다. 얼핏 보면 간단한 것 같지만 만드는 과정을 자세히 들여다보면 오묘한 화학 작용의 결과라 할 수 있다.

두부의 발명과 관련해서는 다양한 주장이 있지만 크게 세 가지로 압축된다. 첫째, 중국 한나라 때 유안이 발명했다는 설이다. 둘째, 두부는 치즈와 버터의 모방 음식이라는 설이다. 중국에서 유목 민족들이 먹는 치즈와 버터를 모방해 두부를 만들었다는 주장이다. 셋째, 그저 우연의 결과일 뿐이라는 것이다. 우연히 누군가 콩물에 소금을 떨어트렸는데 그 결과 콩물이 굳어 두부가 생겨났다는 것이다.

동양에서는 전통적으로 유안이 처음 두부를 만들었다고 믿었다. 유안은 어떤 사람이기에 두부를 만들었을까. 유안이 두부를 발명했다고 주장하는 근거가 무엇일까.

유안은 진시황이 죽고 난 후 한나라를 세운 한고조 유방의 손자로

기원전 2세기 때 사람이다. 기원전 164년에 지금의 중국 안후이 성 일대인 회남의 제후로 임명되었다. 황제의 손자이며 제후였고 동시에 도교 사상의 대가인 데다 학식도 깊었기 때문에 많은 사람이 유안을 존경했다.

도교를 수련하는 사람들은 주로 안후이 성에 있는 팔공산에 모여서 도를 닦고 기를 수련했는데, 고기를 먹지 않았기에 부실한 영양을 보충하려고 매일 콩 국물을 마셨다. 어느 날 콩 국물의 심심한 맛에 질려 소금으로 간을 맞춰 마시고는 남은 국물을 보관했는데 다음 날 보니 콩 국물이 굳어 두부가 되었다. 이렇게 만들어진 두부가 도인들 사이에 전해져 내려오는 것을 유안이 그 비법을 알아내어 백성에게 전수하면서 두부가 널리 퍼지게 되었다고 한다.

옛날 동양 문헌에서는 대부분 유안이 두부를 만들었다고 적혀 있다. 그렇다면 진짜 유안이 두부를 처음 만들었을까?

결론부터 말하자면 유안의 두부 발명설은 현대에서는 설 자리를 잃고 있다. 두부를 만들기는커녕 맛도 보지 못한 것은 물론 구경조차도 하지 못했을 것이라는 주장이 많다. 그런데 왜 옛날 문헌에서는 유안이 두부를 처음 만들었다고 했을까.

유안이 두부를 만들었다는 기록은 6세기 무렵, 중국의 《송습유록》이라는 책에 '회남왕(유안)이 두부를 만들기 시작해 그 기술을 세상에 전했다.'는 내용이 나온다.

10세기 초인 송나라 초기 《청이록》이라는 문헌에 두부가 나오는데 여기에는 부지런하고 근면한 백성들이 고기 대신 매일 두부를 만들어

판다는 내용이 적혀 있다.

그다음 12세기 초 송나라 때 주자가 쓴 채소에 관한 시에서 '일찍이 회남왕이 두부 만드는 기술을 알았다.'는 내용이 보인다. 이후부터 앞서의 문헌들을 인용해 두부는 유안이 발명했다고 했다. 가장 대표적인 책으로 명나라 의학서인 《본초강목》이 있다.

중국과 한국, 일본의 옛날 문헌들은 《본초강목》에 수록된 이야기를 비판 없이 인용하기 시작했고, 그 결과 유안이 두부를 발명했다는 주장이 정설처럼 굳어졌다.

그렇다면 현대의 식품 역사 학자들은 왜 두부를 유안이 만든 것이 아니라고 말하는 것일까?

먼저 유안은 기원전 2세기 때 사람이고, 유안이 두부를 만들었다고 기록한 《송습유록》은 6세기 때 문헌이다. 약 800년의 차이가 있는데 그 사이에 유안이 두부를 만들었다는 또 다른 기록은 보이지 않는다. 《송습유록》에 이어 유안이 두부를 만들었다고 한 주자는 12세기 때 사람이니 유안과는 1300년의 세월 차이가 있다. 그래서 신빙성이 없다고 하는 것이다.

과학사에서는 두부가 5, 6세기 중국의 남북조 시대에 만들어지기 시작해 당나라 때에 발전하고 송나라 무렵에 일반인에게까지 널리 보급된 것으로 본다. 그렇기 때문에 두부가 만들어질 무렵 송나라 때에 유안이 두부를 만들었다는 이야기가 만들어지고 이후 인용되는 과정에서 그 이야기가 사실처럼 굳어진 것이 아닌가 짐작한다.

치즈와 버터를 모방해 만든 두부

두부의 기원에 대한 또 다른 주장은 두부가 치즈나 버터를 모방해 만든 식품이라는 것이다. 두부는 실크 로드가 만들어 낸 식품이다. 실크 로드를 따라서 중앙아시아 유목 민족의 식품인 치즈와 버터가 중국에 전해지는 과정에서 두부가 만들어졌다는 것이다. 우유 생산이 적은 중국에서는 치즈를 충분히 만들 수 없었기 때문에 콩 국물인 두유를 이용해 치즈 대신 만든 것이 두부라는 주장이다. 주로 현대의 식품 역사 학자들의 견해다.

실크 로드
중국, 중앙아시아와 서유럽을 잇는 고대 무역 길. 이 길을 통해 중국에서 유럽으로 전해진 대표적인 상품이 비단인데서 유래되어 비단길이라고도 한다. 다양한 교역이 이뤄지면서 인류 문명이 동서남북으로 교류할 수 있는 원동력이 되었다.

앞서 이야기한 것처럼 중국에서 두부가 만들어지는 시기는 대략 5, 6세기의 남북조 시대 때부터 시작해 7세기 당나라 때에 획기적으로 기술이 발전한 것으로 보고 있다. 실크 로드가 완성되는 시기와 일치한다.

당나라 때는 중국과 서역의 유목 민족 사이의 교류가 활발했던 시기다. 대부분 실크 로드를 따라 중국의 비단이 멀리 유럽으로 전해진 것으로만 알고 있지만 반대로 아랍과 중앙아시아의 문화와 여러 식품이 중국으로 전해졌다. 예를 들어 호떡도 실크 로드를 통해 당나라에 전해졌다. 호두도 이때 전해졌으며 만두와 국수도 서역의 식품과 기술이 중국에 전해지면서 만들어진 음식으로 본다.

이 무렵 중국에서는 지금의 한류처럼 서역의 복장과 음식을 즐기는 풍습이 크게 유행했다. 치즈와 버터 같은 유제품도 함께 유행했다.

예를 들어 북조 시대의 역사를 기록한 《북사열전》에는 수나라 문제가 유제품을 구해 바친 장군에게 비단 백 필을 하사했다는 기록이 있다. 유제품이 얼마나 귀한 대접을 받았는지 알 수 있다. 당나라 역사책인 《당서》에도 양귀비의 남편으로 유명한 현종이 손님을 대접할 때 유제품을 내놓았는데 그중에는 치즈와 버터도 있다고 했다. 중국의 선비들이 양쯔 강 이남인 강남으로 여행 갈 때 반드시 챙겼던 선물 중 하나도 유제품이었다.

유제품에 대한 수요가 이렇게 높아졌지만 중국 농업 지대에서는 우유나 양젖의 생산이 적어서 충분한 치즈를 만들 수 없었다. 그러자 높은 열량의 음식을 좋아했던 농민들은 우유 대신 콩 국물인 두유로 대체 식품을 개발했다.

이어서 북방 유목민이 우유를 이용해 연하고 말랑말랑한 치즈를 만든 것처럼 남방의 농민은 콩 국물인 두유에 소금을 넣거나 발효를 시키면 식물성 단백질이 덩어리로 응고된다는 사실을 발견했다. 이렇게 콩 국물을 응고시키는 기술이 발전한 것이 현재의 두부라는 주장이다.

　이가 없으면 잇몸으로 대신한다는 말처럼 우유나 양젖이 없어서 최고의 발효 식품인 치즈를 만들지 못하자 값싸고 흔했던 콩으로 진짜 치즈나 버터만큼 훌륭한 대체 식품을 만들어 낸 것이다.

톡 쏘는 맛의 약수, 탄산수

우리나라 탄산수 시장은 해마다 성장할 만큼 인기가 많다. 그런데 18~19세기에도 지금처럼 탄산수가 유행했다고 한다. 다만 그때는 음료가 아니라 병을 고치는 약수라는 생각 때문이었다. 어떻게 탄산수가 유행하게 되었는지 자세히 알아보자.

탄산수는 정말 몸에 좋을까

보통 콜라나 사이다 같은 탄산음료는 건강에 좋지 않다고 생각한다. 그에 비해 탄산수는 몸에 좋다고 생각한다. 같은 탄산이 들었는데도 왜 탄산수는 몸에 좋고 탄산음료는 나쁘다고 생각할까? 탄산음료는 탄산수에다 맛을 내기 위해 각종 착색제와 설탕 등의 첨가물을 넣기 때문이다. 그렇다면 탄산수는 탄산음료보다 정말 몸에 좋을까.

사실 톡 쏘는 맛의 탄산수를 마시면 상쾌할 뿐만 아니라 속이 더부
룩할 때 마시면 해소되는 느낌이 들기도 한다. 게다가 요즘은 탄산수
가 변비와 다이어트에 좋다고 해서 탄산수를 찾는 사람이 부쩍 많아
졌다. 덕분에 탄산수 제조기도 불티나게 팔려서 세계적으로 탄산수
시장은 점점 커지고 있다고 한다.

옛날 사람들은 탄산수를 약수라고 믿었다. 땅에서 솟아나는 천연
탄산수인 광천수 온천에서 목욕하면 병을 고칠 수 있다고 믿었다. 그
리고 광천수를 마시면 위장병을 비롯해 여러 가지 병을 고칠 수 있다
고 생각했다.

콜라나 사이다 같은 탄산음료가 바로 이런 믿음에서 발달했다. 지
금은 건강에 좋지 않다는 인식이 널리 퍼져 있지만 처음에는 약처럼
쓰였다.

탄산수가 몸에 좋은 물이라는 생각은 옛날이나 지금이나 크게 변함
이 없는 것 같다. 옛날부터 찾는 사람은 많았지만 탄산수가 나오는 곳
은 한정되어 있어서 언제나 수요가 공급을 초과했다. 그래서 탄산수
값이 보통 물보다 비쌀 수밖에 없었다.

탄산수 시장이 커지자 기술과 지식이 있는 과학자들이 인공 탄산수
개발에 뛰어들었다. 천연 탄산수는 대부분 광천수로 광물질이 녹아
있데 여기에 거품이 나는 가스도 함께 녹아 있다. 하지만 옛날 사람들
은 광물질이 녹아 있다는 사실보다는 톡 쏘는 맛에 약효가 있다고 믿
었다. 이 때문에 옛날 약사와 화학자들은 인공 광천수를 만들면서 발포

가스를 물에 녹여 탄산수를 만드는 데 온 힘을 쏟았다.

그 결과 18세기 후반 영국과 스웨덴 과학자들이 거품이 솟아나는 탄산수를 만드는 데 성공했다. 최초로 인공 탄산수를 만든 사람으로는 영국의 화학자 조세프 프리스틀리를 꼽는다. 이 무렵의 탄산수는 주로 알칼리성 탄산염에 산을 작용시켜서 만들었다. 탄산수를 영어로는 보통 소다수라고 하는데 가스를 만들어 내는 탄산염으로 주로 소다를 사용했기 때문에 생긴 이름이다.

인공 탄산수 개발은 유럽에서 처음 시작되었지만 19세기에 많은 탄산수 제조 기술자와 과학자들이 미국에 이민을 오면서 미국에서 탄산수 판매가 활기를 띠기 시작했다. 당시 미국은 개척 시대라 아플 때 먹을 수 있는 약도 변변히 없다 보니 탄산수가 약을 대신하면서 더욱 발달할 수 있었다. 특히 소화가 안 되거나 머리가 아프면 약국에 가서

탄산수를 사서 마셨다. 당시 약사들은 탄산수의 맛을 더하기 위해 여러 향료를 섞어 팔거나 거품이 많이 나도록 많은 양의 탄산염을 섞어서 팔았다. 이런 탄산수를 마시면 두통이 더 심해졌고 다시 두통을 없애려는 환자들이 약국을 찾는 악순환이 벌어졌다.

19세기 말 제이콥 바우어라는 약사가 탄산염 대신 물탱크에서 이산화탄소를 발생시키는 장치를 개발했다. 그러면서 탄산수 판매가 더욱 확대되었다. 당시 미국에는 이 장치를 설치하지 않은 약국이 없을 정도였다.

탄산수를 약으로 생각했기에 20세기 초까지 탄산수는 주로 약국에서 판매했다. 그런데 탄산수가 약이 아닌 탄산음료로 변신하는 계기가 생겼다.

그동안 약사들은 다양한 비법으로 탄산수를 만들었다. 탄산수에 맛을 내고 효과를 높이려고 별별 물질을 다 넣었다. 심지어 코카인이나 아편 같은 마약까지 넣었다. 당시에는 법적으로 별다른 제재가 없었기 때문에 가능했다.

그러다 1914년 해리슨 법이라는 약사법이 제정되었다. 의사의 처방전 없이 코카인이나 아편 성분이 들어 있는 약을 팔지 못하게 된 것이다. 그 때문에 소화제나 두통약으로서 탄산수의 역할이 줄어든 반면 톡 쏘는 맛의 시원하고 달콤한 맛의 탄산음료 기능이 강조되기 시작했다.

탄산수가 탄산음료로 바뀌게 된 또 다른 계기는

아편
양귀비에서 얻은 유액을 말려 채취하는 마약. 진통제나 마취제 등 여러 약품의 원료가 된다. 강한 중독성이 있어서 약용 이외의 사용을 법으로 금지하고 있다.

1920년에 시작된 미국의 금주령이다. 모든 알콜 음료의 생산과 판매가 중지되자 술을 대신할 다른 음료가 필요했다. 술을 좋아하는 사람한테 술 대신 주스를 마시라고 해 봤자 별로 설득력이 없다. 술을 대신할 자극적인 음료가 필요했다. 그때 톡 쏘는 맛의 탄산음료가 안성맞춤이었다. 그러자 금주령으로 술집이 문을 닫으면서 성인 남자들이 약국으로 모여들었다. 엉뚱하게도 약국이 술집 대신 성인 남자들의 사회적 교류를 나누는 사교의 장소로 변하면서 다양한 탄산음료가 발달하게 되었다.

콜라 대신 환타

탄산음료 중에서도 코카콜라 회사에서 만든 환타는 역사적으로 아주 독특한 음료다. 최초의 환타 원료는 치즈와 버터를 만들고 남은 우유 찌꺼기, 사과술을 만들고 남은 사과 찌꺼기였다. 지금은 시원하게 마시는 탄산음료가 한때는 음식 맛을 내는 조미료로도 쓰였다.

제2차 세계 대전이 일어나기 전 코카콜라는 이미 독일 시장에 진출해 독일인의 사랑을 받는 탄산음료로 자리 잡았다. 해마다 판매량도 늘어 1939년에는 독일 전역에 600개의 공급처를 확보할 정도로 규모가 커졌다.

1939년 9월 독일이 폴란드를 침공하면서 제2차 세계 대전이 시작되었다. 전쟁이 확대되면서 미국 코카콜라 본사에서 수입해 오던 코카콜라 원액의 공급이 중단되었다. 이어 1941년 독일이 미국에 선전 포고를 하면서 나치 독일 정부는 유럽 점령지에 있는 코카콜라 공장을 모두 몰수했다. 그리고 코카콜라 독일 법인 책임자였던 사람을 미국에서 압수한 코카콜라 재산 관리 책임자로 임명하면서 새로운 탄산음료를 만들 것을 명령했다.

그러자 독일 법인 책임자는 콜라를 대신해 독일 시장에 판매할 새로운 탄산음료를 개발하기로 했지만 전쟁 중에 쓸 만한 원료를 구할 수가 없었다. 거기다 알맞은 원료가 있어도 대량으로 생산할 만큼 물량을 충분히 확보할 수 없었다.

그 때문에 독일에서 구할 수 있는 원료, 그것도 전쟁 물자로 사용하기에는 적합하지 않은 원료를 찾아야 했다. 이때 찾은 것이 우유 찌꺼기인 유장과 사과술을 만들고 남은 찌꺼기였다. 유장은 우유에서 치즈와 버터를 만들고 남는 노랗고 맑은 액체로 오렌지 맛이 난다. 사과에서 즙을 짜내 술을 만들면 찌꺼기에도 사과의 섬유질이 남는데 이것을 이용해도 사과 맛의 음료를 만들 수 있다.

이렇게 환타를 만들었지만 문제는 만들 때마다 맛이 달라진다는 것이었다. 전쟁 중에 구하는 원료가 한정되어 있다 보니 원료에 따라 매번 다른 맛의 탄산음료를 생산할 수밖에 없었다. 코카콜라는 세계적으로 맛이 통일된 반면 같은 회사에서 나오는 환타는 나라와 지역에 따라 맛이 모두 다른 것도 여기서 비롯된 것이다.

흥미로운 것은 제2차 세계 대전이 막바지로 접어들면서 환타도 탄산음료가 아닌 조미료로 쓰이게 된 것이다. 환타는 어린이들이 주로 마시는 음료수인 만큼 단맛을 내는 것이 중요했다. 그래서 독일에서

는 전쟁 중에 설탕을 배급제로 철저하게 통제했지만 환타를 만들 때
는 어느 정도 설탕을 사용할 수 있도록 허용했다. 하지만 독일이 전쟁
에서 패하면서 독일 국민은 물자 부족에 시달렸다. 생필품을 구하기
도 어려웠고 사탕수수 수입이 끊기면서 설탕은 아예 배급이 중단되었
다. 그러자 독일 주부들은 단맛을 내기 위해 설탕 대신 환타로 조미료
를 대신했다.

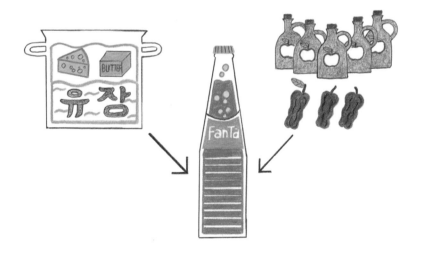

하루 한입
정치사

과거에 음식은 목숨과 같았다. 음식이 곧 생명이었기
에 음식을 제공하고 지키는 것이 곧 정치 지도자의 역
할이었다. 우리가 먹는 음식에는 수천 년 동안 이어진
사람들의 치열한 삶의 모습을 발견할 수 있다.

메이지 유신이 만들어 낸, 일본의 고기 요리

일본의 고기 역사는 짧다. 19세기 중반 이후에야 고기를 먹었다고 한다. 정부에서 고기를 먹지 못하게 금지하고 함부로 고기를 먹으면 처벌을 내렸기 때문이다. 도대체 왜 고기를 먹지 못하게 한 것일까?

육식 금지령, 고기를 먹으면 죄를 짓는다

우리가 좋아하는 돈가스와 샤브샤브, 소고기 덮밥에는 몇 가지 공통점이 있다. 첫째, 모두 일본에서 발달한 음식이다. 돈가스는 서양의 커틀릿을 일본식으로 바꾼 음식이며, 샤브샤브는 일본에서 개발했지만 뿌리는 중국식 전골이다. 소고기 덮밥인 규동은 일본이 원조다.

두 번째 공통점은 역사가 무척이나 짧다는 점이다. 샤브샤브는 1952년에 만들어진 음식이다. 돈가스는 1899년에 도쿄의 식당에서 처음 선보였다.

그런데 일본에 바탕을 두고 있는 음식인 규동도 역사가 짧은 편이다. 규동은 1890년대에 퍼지기 시작했으며 일본의 전통 소고기 전골인 스키야키도 1860년대에 등장했다. 그 이전에도 스키야키는 있었지만 소고기가 아닌 생선으로 요리했다.

그러고 보면 고기를 재료로 만든 일본 요리는 전부 19세기 중반 이후에야 등장했다. 우리에게 알려진 음식은 물론이고 우리가 잘 모르는 요리도 마찬가지다. 그렇다면 일본 사람들은 19세기 중반 이전에는 고기를 먹지 않았을까?

결론부터 말하자면 고기를 안 먹었다. 정확하게 표현하자면 먹지 못했다. 이유는 나라에서 고기를 먹지 못하게 했기 때문이다. 일본인은 무려 1200년 동안 고기를 먹지 못했다. 이유는 서기 675년에 덴무왕이 살생 금지령을 선포했기 때문이다. 일본의 고대 역사를 적은 《일본서기》라는 역사책에 관련 기록이 실려 있다.

4월부터 9월까지는 소, 말, 개, 원숭이, 닭을 잡아먹어서는 안 된다. 그 외 동물은 금지하지 않는다. 어기는 자가 있으면 처벌한다.

왕은 왜 이렇게 육식을 금지했을까? 그리고 왜 다섯 가지 가축만 잡는 것을 금지했을까?

가장 큰 이유로는 4월부터 9월까지 농사철에 가축을 잡아먹지 못하게 해서 가축을 보호하기 위해서였다. 하지만 그 외에도 여러 가지 이유가 있었다고 한다.

살생 금지령이 내려진 서기 675년은 일본에 불교가 전해진 해다. 우리나라는 고구려 372년, 백제 384년 그리고 신라 527년에 불교가 국교로 공인되었으니 일본은 신라보다 늦게 전해졌다. 그래서 가축 살생 금지령이 내려진 것은 불교의 영향도 있었다. 하지만 가축이 아닌 멧돼지나 사슴과 같은 야생 동물이나 오리나 기러기 같은 새는 사냥해서 잡아먹을 수 있었기 때문에 불교의 영향만으로는 설명이 되지 않는다.

살생 금지령이 내려진 이유로 군사적인 목적을 꼽기도 한다. 말과 개는 전쟁에 반드시 필요한 동물이기 때문에 도축을 금지했다는 것이다. 그리고 닭과 원숭이는 일본의 전통 신앙 때문이었다. 닭은 때를 알려 주는 신성한 동물로 여겼고, 원숭이는 사람을 닮은 데다 일본 전통 신앙과 관련 있었다.

그런데 일본에서는 어떻게 1200년 동안 고기를 먹지 않는 전통이 지켜져 왔을까? 사실 농사철에 소를 잡아먹지 못하게 했던 것은 비단 일본뿐만이 아니다. 우리나라도 조선 시대까지는 농사철에 소를 도축하지 말라는 금지령이 있었고 중국 역시 마찬가지였다. 그럼에도 한국이나 중국과 달리 일본에서 오랜 세월 육식을 금지할 수 있었던 까닭은 무엇일까? 그리고 정말로 일본인은 고기를 먹지 않았을까?

덴무 왕 이후에도 여러 차례 육식 금지령이 추가로 내려진 것을 보면 고기를 먹으려는 일본인의 욕망을 억누르기는 쉽지 않았던 것 같다. 그 때문에 시대에 따라서는 처벌도 강해져서 17세기에는 법을 어기고 고기를 먹은 사람은 먼 섬으로 귀양을 보냈던 적도 있다.

그럼에도 소고기를 먹으려는 사람은 어떻게 해서든 먹었다. 일본에는 흥미로운 풍습이 있는데 환자를 위문할 때 소고기를 사 들고 가는 것이다. 오랜 세월에 걸쳐서 소고기를 먹지 못하게 했지만 예외로 몸이 아픈 환자는 빠른 회복을 위해 약으로 소고기를 먹는 것은 허용했기 때문이다. 다시 말해 평소에는 소고기를 먹어서는 안 되지만 아플 때 약으로는 먹을 수 있었다. 당시 일본인은 소고기를 뭉쳐서 우육환이라는 환약을 만들었는데 이름은 약이지만 우리나라 소고기 완자나 서양의 미트볼과 크게 다를 바가 없었다. 소고기를 말려서 만든 간우환이라는 약도 팔았는데 이것도 소고기 육포와 별 차이가 없었다.

이렇게 일본에서는 갖은 핑계를 대고 고기를 먹으려고 했지만 오랜 세월 동안 육식 금지령이 지속되면서 일본인은 전반적으로 고기 먹는 것을 금기했다.

메이지 유신은 일본의 음식 혁명이다

그렇다면 일본인들은 언제부터 본격적으로 고기를 먹었을까? 일본 인들이 소고기를 포함해 다양한 고기를 먹기 시작한 것은 19세기 중반이다. 약 150년 정도밖에 되지 않았다. 일본인은 약 1200년 동안 고기를 먹지 않다가 왜 19세기 중반 이후에야 고기를 먹게 되었을까?

일본은 19세기 중반 왕정복고를 이루면서 군대를 강하게 하고 문명을 개화할 목표로 메이지 유신을 시작했다. 유럽과 미국의 근대 국가를 모델로 삼아 아시아를 벗어나 유럽을 지향하겠다고 개혁을 추진했다. 여기에는 정치, 경제, 사회 개혁은 물론 식습관의 개혁도 포함되었다.

서양 사람처럼 고기를 먹어서 그동안 키가 작아서 왜인이라고 불리던 일본인의 체형을 개선하자는 것이었다. 그리하여 19세기 중반에 개혁파를 중심으로 소고기 먹기 운동이 벌어졌다. 개혁파들은 소고기를 먹지 않는 사람은 개화인이 아니라고 몰아세우며 소고기 먹기를 장려했다.

하지만 고기도 먹어 본 사람이 그 맛을 안다고 1200년 동안 고기를 먹지 않았던 일본인이 고기를

왕정복고
혁명이나 여러 사정으로 없어진 군주제(세습적으로 나라를 다스리는 지배자가 있는 정치)를 부활시키는 일. 대표적으로 1660년 영국의 스튜어트 왕조의 부활과 1814년 프랑스의 부르봉 왕조의 부활이 있다.

먹기란 쉽지 않았다. 그래서 처음 먹기 시작한 소고기 요리는 규나베라고 하는 소고기 전골, 일종의 스키야키 종류였다. 우리나라에서도 많이 먹는 일본 요리인 스키야키는 간장 육수에 각종 채소와 소고기를 끓여 먹는 전골 요리로 원래 일본에서는 소고기 대신에 각종 생선으로 만들어 먹던 요리다. 그러다 소고기 먹기를 장려하면서 생선 대신 소고기 요리로 바뀌었다.

육식 장려에는 무엇보다도 메이지 왕이 앞장섰다. 먼저 서양의 외교관을 초청해 서양식 만찬으로 궁중에서 고기 요리를 선보였다. 급기야 1871년에는 메이지 왕이 직접 육식 금지령을 해제한다고 선포했다. 이제부터 고기를 먹어도 좋다는 선언 정도가 아니라 소고기를 먹으라고 적극적으로 장려한 것이다. 그리고 이듬해인 1872년에는 메이지 왕이 직접 소고기를 먹었다고 공개적으로 발표했다. 왕이 고기를 먹었으니 국민도 따라서 먹으라는 것이었다. 그렇다면 일본인도 이때부터 고기를 먹기 시작했을까?

개혁파들이 진작부터 소고기를 먹기 시작했지만 보수적인 수구파 인사들은 극도의 거부 반응을 보였다. 결국 소고기 때문에 궁궐을 침입하는 사건까지 발생했다. 1872년 2월 18일 열 명의 자객이 메이지 왕이 사는 궁궐에 침입하다 발각되었다. 네 명은 현장에서 사살되었고 한 명은 중상을 입었으며 다섯 명은 생포되었다. 사로잡힌 자객을 심문한 결과 그들이 궁궐에 침입한 이유가 밝혀졌다. 서양 오랑캐의 영향을 받아 일본인이 고기를 먹게 되면서 신성한 일본 땅이 더럽혀졌다는 것이다. 이로 인해 일본에는 더 이상 신들이 머물 공간이 사라겼기 때문에 신들의 땅인 일본과 일본 정신을 지키기 위해 궁궐에 침입했다는 것이다. 그해 왕이 최초로 소고기를 먹고 난 후에 일어난 사건이다.

부모님한테 물려받은 머리카락을 자를 수 없다며 단발령에 반발했던 조선의 선비들처럼, 일본의 수구파 역시 먹어서는 안 되는 고기를 먹으라고 한다며 왕을 억압해 육식 장려 운동을 포함한 개혁을 중지시키려고 했던 것이다. 일본인의 육식을 하지 않는 전통이 얼마나 뿌리 깊었는지 짐작할 수 있는 대목이다.

하지만 한 번 고기를 먹기 시작하자 일본에서는 육류 소비가 정부의 적극적인 장려 정책과 함께 빠른 속도로 증가했다. 1904년 러일 전쟁 때 군인에게 소고기 통조림과 육포가 보급되면서 고기 맛을 본 서민들이 늘었다. 그러다 전쟁으로 소고기가 부족해지자 돼지고기가 인기를 끌었다. 이 과정에서 만들어진 음식이 돼지고기가 들어간 돈가스이다. 또 소고기를 얹어 먹는 간편 음식인 소고기 덮밥이 생기기도 했다.

지도자의 기본 덕목이 담긴, 빵

지도자의 기본 덕목은 무엇일까? 백성이 배불리 먹고 풍족하게 살수 있도록 해야 한다. 그래서 지도자를 가리키는 단어의 어원을 찾아보면 밥과 빵, 음식과 밀접한 관계가 있다. 지도자에 얽힌 단어의 의미와 역사를 알아보자.

지도자는 빵을 지키는 사람이다

지도자가 가장 먼저 추구해야 할 가치는 백성을 배불리 먹이는 일이다. 물론 요즘에는 단순히 밥을 먹는 것만으로는 부족하다. 국민이 여유 있고 풍족한 삶을 살 수 있게 만드는 것이 지도자의 기본 덕목이다. 한 가족의 가장이든 기업의 최고 경영자이든 한 나라의 정치 지도자이든 모두 마찬가지다. 중국의 역사가 사마천이 《사기》에서 '백성은 먹을 것을 하늘로 삼는다.'고 말한 것도 그런 이유에서다.

고디바라는 이름을 들어 본 적 있을 것이다. 간혹 유명 초콜릿 브랜드로 알고 있는 사람도 있겠지만 정확하게는 전설에 나오는 영국 백작 부인의 이름이다.

고디바는 진정한 숙녀, 레이디의 표본으로 칭송받는 여자였다. 단순히 요조숙녀였기 때문만이 아니다. 고디바의 남편은 중세 영국의 레오프릭 백작인데, 자신의 영지를 빌려 농사를 짓는 농부에게 지나친 세금을 부과해 원성이 자자했다. 농민의 사정을 헤아린 고디바는 남편에게 세금을 줄이자고 여러 번 요청했지만 거절당했다. 그러다 부인의 계속되는 간청이 귀찮았던 백작이 뜻밖의 제안을 했다. 부인이 실오라기 하나 걸치지 않은 알몸으로 말을 탄 채 마을을 한 바퀴 돌면 세금을 줄여 주겠다는 것이었다.

거절할 줄 알았던 부인이 선뜻 남편의 제안을 받아들였다. 그리고 마을 주민에게 모두 창문을 닫고 집 밖으로 절대 나오지 말라고 당부한 후 긴 머리카락으로 알몸을 가린 채 마을을 돌았다. 남편은 약속대로 세금을 크게 줄였고 고디바는 진정한 레이디의 본보기로 주민의 칭송을 받았다.

레이디는 요즘에는 숙녀라고 번역하지만 원래 뜻은 높은 신분의 귀부인을 가리키는 단어다. 영주, 귀족, 지도자를 뜻하는 영어 로드Lord의 부인이 레이디인데 그중에서도 첫째가는 귀부인이 퍼스트레이디, 대통령의 부인이다.

그런데 레이디의 어원을 보면 '빵 만드는 여자'라는 뜻이다. 고대 영어 흘라프디게Hlafdige라는 단어에서 비롯되었는데 흘라프는 빵, 음식이라는 뜻이고, 디게는 일하는 여자라는 뜻이다. 그런데 빵 만드는 여자가 왜 귀부인이라는 뜻을 가지게 되었을까?

레이디의 남편인 로드와 관련 있다. 영어 사전에서 로드를 찾아보면 첫 번째, 지배자, 군주, 영주, 주인이라는 뜻을 가지고 있다. 두 번째 뜻으로는 영국 귀족의 총칭, 세 번째에는 대문자로 쓰면《성경》에서 하나님이라는 뜻으로 사용된다. 동사로는 '주인으로 행세하다.'라는 뜻도 있다.

그런데 이 단어의 어원을 찾아보면 놀라운 사실을 발견할 수 있다. 레이디와 비슷하게 고대 영어 흘라프베아르드Hlafweard라는 단어에서

비롯되었다. 앞서 말한 것처럼 흘라프는 빵이라는 뜻이고, 베아르드는 지키는 사람이라는 의미다. 그러니까 영어 로드의 어원은 빵을 지키는 사람이라는 뜻에서 비롯되었다.

이처럼 로드와 레이디에서 지도자의 기본 덕목을 확인할 수 있다. 영어의 뿌리가 되는 게르만 족의 전통에서 지도자는 빵을 공급하는 사람이었다. 레이디는 부족이 먹을 빵을 만드는 여자 그리고 부족장인 로드는 부족이 먹을 빵을 지키는 사람이다.

먹을 것을 하늘로 삼는 백성에게 지도자가 지켜야 할 기본 의무가 백성을 배불리 먹이는 것이라는 사실을 영어 단어에서도 알 수 있다.

영어 단어 중 회사를 뜻하는 Company와 동료 Companion의 어원도 뿌리를 따져 보면 빵과 관련 있다. 회사는 라틴 어로 함께Cum라는 단어와 빵Panis이 합쳐져 만들어진 단어다. 빵을 함께 나누어 먹는 사람들이 모인 곳이 회사고 빵을 함께 먹는 사람들이 동료다.

이 단어는 로마의 군대 조직에서 비롯되었다. 빵은 로마 군인에게 우선적으로 지급되는 식량이었다. 로마군은 직업 군인이었기 때문에 월급으로 빵을 받았다. 뿐만 아니라 로마 군대 자체가 빵 굽는 공장 역할을 했다. 기원전 로마에서는 집 구조의 문제 때문에 가정에서 빵을 구울 수가 없었다. 그래서 공동으로 빵 굽는 장소를 마련해 놓고 집집마다 빵 반죽을 가져와 그곳에서 빵을 구웠다. 그래서 대부분 군대 요새에 빵 굽는 화덕이 마련되었던 것이다. 이 때문에 중대를 뜻하는 Company는 빵을 함께 굽는 곳 혹은 조직이라는 뜻에서 비롯되었고, 동료를 뜻하는 Companion은 빵을 함께 나누어 먹는 사람인 전우에서 유래했다.

Company가 조직에서 회사를 뜻하는 단어로 바뀐 것은 1553년부터 무역 조합과 같은 비즈니스 연합이라는 의미로 사용되다가 오늘날과 같은 형태의 회사가 생겨나면서 회사라는 뜻이 되었다. 따지고 보면 월급을 받아 먹고 사는 사람들이 모여 있는 곳이 회사니까 현대적인 의미와도 일치한다고 할 수 있겠다.

동양의 재상은 요리사였다

지도자와 음식의 관계는 아시아에서도 확인된다. 재상이라는 벼슬은 옛날이나 지금이나 높은 벼슬이다. 조선 시대에는 정2품 이상을 재상이라고 했는데 지금의 국무총리나 장관쯤은 되어야 재상이라고 칭호한다.

하지만 엉뚱하게도 고대 사회에서 재상은 요리사 내지는 주방장이었다. 재상이라는 한자를 풀어 보면 의미를 알 수 있다. 재상은 한자로 宰(재상 재) 자에 相(서로 상) 자를 쓰는데 재라는 글자는 宀(집 면) 자 안에 辛(매울 신) 자로 구성된 글자다.

유명 라면 브랜드 덕분에 대부분 신이라는 한자가 맵다는 뜻이라는 것을 알고 있다. 하지만 그 외에도 '큰 잘못을 저지른 죄인'이라는 의미도 있다. 재는 집안에서 일하는 죄인이라는 뜻이다. 고대 귀족 가문에서 집안일을 총괄하는 사람 혹은 주방 일을 도맡아 관리하는 사람이라는 뜻이다.

재상이 음식을 만들고 나누어 주는 사람에서 비롯된 단어라는 사실은 고대 예법을 적은 유교 경전인 《주례》에서도 찾을 수 있다. 재상은 천관 총재에서 왔으며 주나라 때 국정을 총괄하고 궁중 사무를 전반적으로 관장하는 벼슬이었다. 그렇다면 천관 총재가 담당했다는 업무는 주로 어떤 것이었을까?

천관은 하늘에 제사 지내는 업무를 맡았던 사람이지만 총재는 제사 지낼 때 쓰는 음식을 맡았던 사람이다. 다시 말해 준비한 제사 음식을 제사가 끝난 후 참석자에게 골고루 나누어 주는 것이 총재의 업무다. 그렇다면 재상의 상相은 또 어떤 의미가 있을까? 접대하는 사람이라는 뜻도 있다. 역시 제사에 참석한 사람을 접대하는 사람이라는 뜻으로 나온다.

정리하자면 재상은 집안에서 살림을 맡아 음식을 장만해 제사를 지내고, 참석한 사람들을 접대하며 공평하게 분배하는 사람이었다.

지금 기준으로 보면 재상의 역할이 정말 하찮았다고 여겨질 수도 있지만 고대 국가를 상상하면 반드시 그런 것만도 아니다. 씨족 사회에서는 족장의 집이 곧 나라였고 집안일이 바로 나랏일이었다. 지도자는 바로 집안을 다스리는 가장, 혹은 가문을 이끄는 족장이었다.

씨족 사회의 나랏일 중에는 하늘과 조상에게 지내는 제사가 가장 큰 행사였다. 음식을 장만해 원로를 모셔 놓고 대접하는 것이 내분을 없애는 내치였고, 연회를 열어 다른 씨족과 협상하고 화합하는 것이

외교였다.

　이렇게 집안일을 도맡아 음식을 준비하고 제사를 관장하며 음식을 공평하게 나누어 주는 역할이 제일 중요했기에 가장 믿을 만한 사람이 주방장을 맡았다. 그것이 바로 《주례》에 보이는 천관 총재이고 왕권 강화 후 재상이 되었다.

　재상이 주방장에서 비롯되었다는 사실은 상징적이다. 백성을 고르게 잘 먹이는 것이 정치의 근본이니 음식을 잘 만들어 공평하게 배분해 주면 훌륭한 재상이 된다. 반대로 신분과 역할에 따라 음식을 공평하게 분배하지 못하면 불만이 생기니 정치가 불안해진다. 그러니 재상의 임무가 막중하다. 몸과 마음을 바쳐 열심히 일해야 한다는 뜻이다.

샌드위치 백작이 바꾼 세상, 샌드위치

샌드위치의 유래는 많이 알려져 있다. 도박을 좋아했던 샌드위치 백작이 식사할 시간조차도 아까워 하인을 시켜서 빵 사이에 고기 조각을 끼워서 가져오라고 한 것이 샌드위치가 만들어진 계기라는 것이다. 그런데 이게 샌드위치 유래의 전부일까?

샌드위치 백작은 어떤 사람일까

샌드위치 백작의 이름을 따서 샌드위치가 되었다는 유래는 조금만 더 생각해 보면 이상한 점이 한둘이 아니다.

빵 사이에 고기를 끼워 먹는 것이 그렇게 대단한 발명일까. 게다가 샌드위치 백작이 단순한 도박꾼에 불과했다면 그가 도박하며 만들어

134

먹은 음식이 뭐가 그렇게 대단하다고 아직 그 일화가 전해져 내려오는 것일까? 영국에서는 해마다 샌드위치 탄생 기념 축제가 열리고 학자들이 관련 논문까지 발표하는 것을 보면 단순히 도박꾼이 만들어 먹은 음식, 그 이상의 무엇이 있지 않을까 의문이 생긴다.

사실 샌드위치는 사람 이름이 아니다. 영국과 프랑스 사이에 있는 도버 해협 건너 영국 남동부에 위치한 중세 도시 이름이다. 지금도 많은 사람이 즐겨 찾는 관광지로 유명하다. 샌드위치가 관광지로 널리 알려진 것은 먹는 음식인 샌드위치의 유래 때문이기도 하지만 중세 때부터 발달했던 유서 깊은 항구이기 때문이다.

샌드위치라는 도시 이름은 고대 영어에서 비롯되었다. 샌드sand는 지금 영어 단어 그대로 모래라는 뜻이고, 위치wich는 고대 영어로 땅, 항구라는 뜻이다. 그러니까 샌드위치의 원래 의미는 모래가 많은 삼각주에 건설된 항구라는 의미다.

모래땅의 항구라는 뜻의 도시 이름 샌드위치가 갑자기 빵 사이에 고기를 끼워 먹는 음식의 이름으로 바뀌게 된 것은 바로 이곳의 영주였던 샌드위치 백작 4세, 존 몬태규 경 때문이다. 도박을 하다가 샌드위치를 만들어 먹었다는 명예스럽지 못한 소문의 장본인이다.

그런데 전해지는 이야기처럼 정말 존 몬태규가 식사할 시간조차 아까워 할 정도로 도박에만 빠져 있었던 것일까?

존 몬태규는 쟁쟁한 가문 출신이다. 샌드위치 백작이라는 작위는 증조할아버지 에드워드 존 몬태규에서 비롯되었다. 영국 해군 함대 사령관 시절, 청교도 혁명으로 프랑스로 망명했던 찰스 2세가 영국으

로 다시 돌아올 때 왕정복고에 기여한 공로로 작위를 받았다.

할아버지와 아버지 역시 당대에 유명했던 해군 제독 출신이었고 존 몬태규 역시 영국 귀족 자제들이 다니는 이튼 스쿨 출신에 명문 케임브릿지 대학을 졸업한 엘리트였다. 사회에 진출한 이후에는 줄곧 공직에서 활동했으며 지금의 국방부 장관쯤에 해당하는 해군성 장관을 세 차례나 역임했다.

카드 게임을 좋아했을지는 몰라도 도박에 빠져 허송세월을 했다고 보기에는 존 몬태규의 이력이 무척이나 화려하다. 해가 지지 않는 나라라는 별명을 가질 만큼 거대한 제국을 건설한 영국이 도박에 빠져 지내는 도박꾼을 세 차례나 장관 자리에 임명했을 리가 없다.

그렇다면 왜 샌드위치가 존 몬태규가 도박하다 먹은 빵이라는 소문이 만들어졌던 것일까? 정확한 배경은 알 수 없지만 존 몬태규와 관련이 있는 것은 틀림없는 것 같다.

샌드위치가 음식 이름으로 문헌에 처음 기록된 것이 1762년이다. 《로마 제국 흥망사》의 저자인 영국의 역사학자 에드워드 기번이 당시 신문에 두 명의 귀족이 샌드위치를 먹고 있다는 내용의 글을 실었다. 존 몬태규와의 관계에 대해서는 언급이 없었지만 이미 샌드위치라는 음식 이름이 존재했다는 증거다.

그리고 10년 후인 1772년 프랑스 기행 작가인 피에르 장 그로슬리가 쓴 《런던 여행》이라는 책에 다시 샌드위치라는 음식 이름이 등장한다. 카드 게임을 하던 사람이 빵에다 소금에 절인 고기를 끼워 먹는 것을 보고 옆 사람이 샌드위치 백작과 같은 음식을 달라고 주문한 것에서 샌드위치라는 이름이 생겼다고 적혀 있다. 그리고 당시 런던에 떠돌던 소문을 적은 것이라고 덧붙였다.

샌드위치가 바꾼 세상

왜 샌드위치의 유래설이 생겨났는지는 정확히 알 수 없다. 다만 이런 소문이 만들어진 배경이 존 몬태규 경의 평판과 관련이 깊을 것이라는 추측이다.

사실 존 몬태규에 대한 역사적인 평가는 극단적으로 엇갈리는 부분이 있다. 명문 귀족 가문 출신으로 경험이 풍부하고 유능한 행정가이며 정치가였다는 평가가 있는 반면, 반대로 장관을 세 차례나 지냈지만 무능하고 부패한 인물이었다는 비판도 있다. 거기다 도박까지 즐겼다고 한다. 다만 당시의 다른 귀족들처럼 내기를 걸고 즐기는 수준이었는지, 아니면 도박이라고 할 만큼 집착했는지는 분명치 않다. 다만 도박 때문에 정적들로부터 공격을 받았고 결국에는 도박을 하다 샌드위치를 만들어 먹었다는 아름답지 못한 이야기를 후대에 남길 정도로 도박을 좋아한 것만큼은 분명하다.

존 몬태규에 대한 평판은 다른 기록에서도 찾아볼 수 있다. 존 몬태규는 긍정적이건 부정적이건 세계사 곳곳에 자신의 이름을 적지 않게 남겨 놓았다. 큼지막한 세계 지도를 펼쳐 놓고 들여다보면 여러 곳에서 그의 흔적을 찾아볼 수 있다.

먼저 미국의 하와이 섬이 존 몬태규와 깊은 관련이 있다. 존 몬태규 덕분에 영국이 하와이를 발견하게 되었다고도 할 수 있다. 1778년 영국의 탐험가 제임스 쿡 선장이 오랜 항해 끝에 태평양에서 하와이를 탐험했다. 물론 하와이를 처음 발견한 유럽 인은 1527년의 스페인 사람이었지만 스페인에서 영유권을 주장하지 않아 유럽 인에게는 오랫동안 잊혀진 섬으로 남아 있었다.

이후 제임스 쿡 선장이 다시 발견한 것인데, 하와이라는 이름으로 불리기 전까지 이 섬의 이름은 샌드위치 섬이었다. 제임스 쿡 선

하와이
북태평양의 동쪽에 있는 미국의 50번째 주. 하와이는 그중 가장 큰 섬으로, 중심 도시는 호놀룰루이다. 관광지로 유명하며 사탕수수, 커피, 목축을 주로 한다.

장이 당시 탐험대 후원자였던 해군 장관 존 몬태규 샌드위치 백작의 이름을 따서 샌드위치 섬이라고 이름을 지었기 때문이다.

남극 주변에도 샌드위치라는 이름의 섬이 있다. 아르헨티나 남동부 남극해에 사우스 샌드위치 군도라는 이름의 섬들이 있다. 이곳 역시 1775년 쿡 선

장이 발견해 지은 이름으로 처음에는 후원자인 존 몬태규의 이름을 따서 샌드위치 군도라고 불렀다. 그러다 3년 후 하와이를 샌드위치 섬이라고 부르게 되면서 구분하기 위해 앞에다 남쪽이라는 수식어를 붙여 사우스 샌드위치 군도로 이름을 바꾸었다.

이밖에도 오스트레일리아 남동쪽에 있는 몬태규 아일랜드, 알래스카 만에 있는 몬태규 섬이 모두 존 몬태규의 이름을 따서 지은 이름이다. 존 몬태규가 해군 장관 시절 영국 탐험대의 개척을 적극 지원했다는 증거다.

반대로 존 몬태규에 대한 비판도 만만치 않다. 존 몬태규는 미국의 독립과도 간접적으로 관계가 있다. 미국이 영국과 독립 전쟁을 벌일 당시 영국 해군 장관이 바로 존 몬태규였기 때문이다. 그가 장관으로 있을 때 군비를 줄이기 위해 해군의 규모를 줄이면서 영국이 무력으로 미국 독립을 제압하는 게 어려웠다고 한다. 뿐만 아니라 당시 영국의 라이벌이었던 프랑스의 영국 침공을 우려해 유럽에 있던 영국 함대를 미국에 파병하지 않았기 때문에 미국이 독립하는 빌미를 제공했다고 주장하는 사람들이 있다. 정적들이 존 몬태규를 무능한 행정가였고 도박이나 즐기는 부패한 인물이었다고 평가하는 가장 큰 이유다.

영국의 소울 푸드, 피시 앤 칩스

영국의 축구 스타 웨인 루니, 영화 〈타이타닉〉의 주인공 케이트 윈슬렛 그리고 비틀즈의 멤버 폴 매카트니의 공통점은 무엇일까? 모두 '피시 앤 칩스'를 무척이나 좋아한다는 점이다. 이들은 영국의 가장 서민적인 음식인 피시 앤 칩스를 왜 좋아하는 것일까?

영국의 국민 음식, 피시 앤 칩스

폴 매카트니는 지금은 채식주의자가 되어서 고기는 물론이고 생선조차도 먹지 않지만 젊었을 때는 피시 앤 칩스에 열광했던 것으로 유명하다. 그리고 웨인 루니와 케이트 윈슬렛은 각각 결혼할 때 엄청난 부자였음에도 불구하고 결혼식 피로연 음식으로 피시 앤 칩스를 준비해서 화제가 되었을 정도다.

피시 앤 칩스는 사실 아주 단순한 음식이다. 대구나 가자미와 같은 흰 살 생선에 밀가루 반죽을 입혀서 튀겨 낸 생선 튀김을 감자튀김과 함께 먹는 요리다. 신문지에 둘둘 싸서 먹는 것이 제대로 먹는 법이라고 할 정도로 영국의 전형적인 길거리 음식으로, 주로 노동자들이 먹었던 음식이다. 그런데 웨인 루니와 케이트 윈슬렛, 폴 메카트니는 엄청난 부자인데도 불구하고 왜 전형적인 서민 음식인 피시 앤 칩스를 좋아하는 것일까?

스타들이 호화로운 요리로 재력을 과시하기에 앞서 피시 앤 칩스는 영국인의 식탁에서 빠지면 섭섭하다고 할 정도로 영국인 모두가 좋아하는 국민 음식이기 때문이다. 적절한 비유가 될지 모르겠지만 홍어가 빠진 전라도 잔치나 문어가 없는 경상도의 잔치처럼 아무리 부자라고 해도 영국인 잔치에서 피시 앤 칩스가 빠지면 서운하기 그지없다.

영국인들이 피시 앤 칩스를 얼마나 좋아하는지는 전해지는 일화를 통해서도 어렵지 않게 짐작할 수 있다. 제2차 세계 대전의 노르망디 상륙 작전에서 피시 앤 칩스가 연합군의 비공식 암호로 쓰였다. 다국적군이 얽히고설킨 상황에서 암호까지 수시로 바뀌었기 때문에 병사들이 암호를 제대로 외우기조차 쉽지 않았기 때문이다. 그래서 암호를 기억하지 못한 영국군이 '피시'라고 외쳤을 때 상대방이 '칩스'라고 대답하면 확실한 아군이라고 판단했고 엉뚱한 대답을 하면 적군으로 간주했다. 그만큼 피시 앤 칩스가 영국인에게는 가까운 음식이라는 소리다. 그렇다면 피시 앤 칩스가 어떻게 영국인의 사랑을 듬뿍 받

는 국민 음식이 될 수 있었을까?

피시 앤 칩스는 영국인에게는 특별한 음식이다. 역사적으로 어려운 고비를 겪을 때마다 영국인의 식탁을 지키며 어려움을 함께했던 음식이기 때문이다.

엄밀하게 말하자면 피시 앤 칩스는 순수한 영국 음식이라고도 할 수 없다. 모두 외국에서 전해져 영국인의 입맛에 맞게 바뀐 음식이다. 생선 튀김은 원래 포르투갈에 살았던 유대 인의 음식이었다. 포르투갈의 유대 인들은 안식일에는 고기를 먹지 않았고 불을 피워 요리하는 것도 금지했기에 금요일 저녁에 생선을 튀겨서 주일에 먹었다. 그런데 17세기에 유대 인들은 가톨릭으로 개종하거나 포르투갈을 떠날 것을 강요당했다. 수많은 포르투갈 유대 인이 종교의 자유를 찾아 영국으로 이주하면서 영국에 생선 튀김 요리가 퍼졌다.

반면 감자튀김은 벨기에에서 전해졌다. 과거 유럽에서 감자는 빈민들의 음식이었다. 겨울에 강물이 얼어 생선이 잡히지 않자 감자를 생선 모양으로 썰어 튀긴 것에서 벨기에식 감자튀김인 프렌치프라이가 유래했다고 한다. 영국에서는 밀 농사가 흉년이 들면서 빵 값이 폭등하자 대신 감자튀김을 먹게 되었고 이때부터 시작해 현재의 피시 앤 칩스의 조합이 만들어졌다고 한다. 말하자면 생선 튀김과 감자튀김이 결합한 피시 앤 칩스는 가난과 종교 박해를 피해 영국으로 온 이민자들이 먹었던 음식이었다.

영국에서 혁명이 일어나지 않은 이유

이런 피시 앤 칩스가 영국에서 널리 퍼진 것은 1860년대 무렵이다. 처음에는 방직 공장이 몰려 있던 이스트 런던에 식당을 열었다가 노동자들 사이에서 인기가 높아지면서 생선과 감자튀김 파는 곳이 이스트 런던에서 런던 전체로, 또 영국 전체로 우후죽순처럼 번져 나갔다.

매일매일 파김치가 되도록 일에 시달리던 공장 근로자에게 피시 앤 칩스는 특별한 음식이었다. 때마침 산업화가 되면서 어업 기술과 철도의 발달로 북해에서 잡히던 생선과 농촌의 감자가 도시에 싸게 공급되었다. 그 덕분에 맛있는 생선을 쉽게 사 먹을 수 있을 만큼 값도 쌌고 고된 노동을 견딜 수 있을 만큼 열량도 높았다. 게다가 신발도 튀기면 맛있다는데 생선과 감자를 뜨겁게 튀겼으니 음식을 만들 여유조차 없었던 노동자들에게 피시 앤 칩스는 환상의 요리였다. 이렇게 19세기 말 영국 노동자들의 힘든 생활에 그나마 위로가 되어준 것이 바로 피시 앤 칩스였다. 소설 《1984년》의 작가인 조지 오웰은 "영국에서 혁명이 일어나지 않은 것은 피시 앤 칩스 덕분."이라는 말을 남겼을 정도로 피시 앤 칩스는 여러 가지로 의미가 있는 음식이었다.

조지 오웰
영국 소설가. 명료한 문체로 사회 부조리를 고발하고 전체주의에 대한 비판하는 글을 주로 썼다. 공산 혁명의 모순에 바탕을 둔 정치 우화 《동물 농장》과 전체주의 사회의 위험성을 경고한 《1984년》 등이 대표작이다.

영국인들이 끔찍했던 제 1·2차 세계 대전을 견디게 해 준 것도 피시 앤 칩스였다. 나라를 구한 영웅은 많다. 하지만 나라를 구한 음식은 흔치 않다. 제2차 세계 대전을 이끈 영국 수상 처칠은 피시 앤 칩스를 세계 대전에서 영국을 구한 음식으로 꼽는다. 이 말은 영국인 모두가 공감했다. 처칠은 피시 앤 칩스야말로 영국인이 전쟁을 함께 견디도록 만든 '훌륭한 동반자'라고 했다. 전쟁을 승리로 이끈 전우라는 소리다.

실제로 영국인들은 피시 앤 칩스를 먹으며 전쟁의 고통을 이겨 냈다. 영국은 섬나라이니만큼 먹고 사는 데 필요한 물자를 대부분 해외에서 수입했다. 하지만 제2차 세계 대전이 일어나면서 식료품 공급량이 전쟁 전의 30퍼센트 수준으로 크게 줄었다.

그러면서 대부분의 식료품이 배급제로 바뀌었다. 이때 생선과 감자는 배급 품목에서 제외되어 자유롭게 먹을 수 있는 몇 가지 안 되는 식품이었다. 상대적으로 공급 물량이 많기도 했고 생선의 경우는 배급제로 관리할 수 있을 만큼 저장이 쉽지 않은 부분도 있었다. 그리고 무엇보다 국민의 사기를 고려해서였다.

전쟁터로 떠난 병사들은 고향에 남은 가족들이 잘 먹고 지낸다는 소식에 위안을 얻었다. 영국에 남은 사람들 역시 어린이와 노약자를 제외하면 대부분 군수 공장에서 일했기에 충분한 칼로리의 음식이 필요했다. 그 역할을 담당했던 것이 생선 튀김과 감자튀김이다. 이때부터 수상에서 공장 노동자까지 국민 모두가 즐겨 먹는 음식이 되었다.

그 때문에 영국인에게 피시 앤 칩스는 단순한 생선 튀김과 평범한 감자튀김이 아니라 시련을 이겨 낸 지난 세월에 대한 훈장과 같은 음식이다. 힘들게 일하며 견뎌야 했던 시절과 두 차례에 걸친 세계 대전에서 끝이 보이지 않는 어두운 터널에서 버틸 수 있게 해 준 음식이었기에 영국인의 절대적인 사랑을 받는 것이다.

한 나라 백성의 가난한 음식, 콩밥

우리가 쉽게 쓰는 "콩밥 먹고 싶냐?"는 말은 감옥에 가고 싶으냐는 뜻이다. 콩밥이 감옥과 동의어처럼 쓰여서 그다지 좋은 말은 아니다. 왜 이렇게 콩밥에 대한 이미지가 부정적일까? 콩밥의 역사를 알아보자.

왜 교도소에서는 콩밥을 먹었을까

교도소에서 콩밥이 없어진 때는 1986년이다. 이때부터 교도소의 재소자 급식이 쌀 50퍼센트, 보리 50퍼센트로 바뀌면서 교도소에서 먹는 밥에서 콩이 완전히 사라졌다.

콩밥 대신 꽁보리밥으로 바뀐 것인데 이유는 콩 값이 올랐기 때문이다. 지금은 교도소에도 매끼 쌀밥을 제공한다. 2014년부터 완전 쌀밥으로 바뀌었다. 이전까지는 쌀의 비중이 90퍼센트, 보리 10퍼센트의 잡곡밥이 제공되었다. 그러니까 1986년부터 보리의 비중이 점점 줄고 반대로 쌀의 비중이 높아지다가 지금은 완전히 쌀밥으로 대체된 것이다. 여러 가지 이유가 있겠지만 가장 큰 이유는 보리 값이 점차 비싸졌기 때문이다.

그런데 1986년 이전에는 교도소에서 어떻게 콩밥을 주었기에 '콩밥 먹는다.'는 말이 생겨났던 것일까?

당시 교도소의 급식에 나온 밥을 보면 미루어 짐작할 수 있다. 1957년의 교도소 재소자 식사 규정을 보면 쌀 30퍼센트, 보리 50퍼센트, 콩 20퍼센트를 섞은 잡곡밥이 정량이었다. 그런데 밥을 지었을 때 콩과 쌀, 보리의 크기를 고려하면 콩의 비중이 20퍼센트인 밥은 절반이 콩으로 채워졌다고 해도 지나친 말은 아니다. 콩밥도 콩이 어쩌다 섞

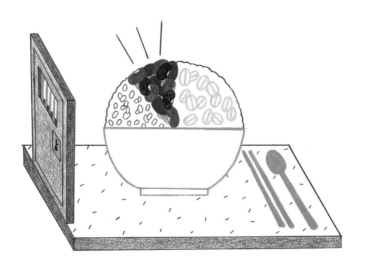

여 있을 때 맛있지 밥의 절반이 콩으로 채워진 밥을 매일 먹기란 쉽지 않다.

그보다 훨씬 이전인 일제 강점기 1936년의 교도소 식단표에는 쌀 10퍼센트, 콩 40퍼센트, 좁쌀 50퍼센트로 적혀 있다. 이 정도 비율이면 쌀은 눈을 비비고 찾아봐야 겨우 보일 정도로 적고 콩 덩어리에 좁쌀 몇 톨이 붙어 있는 수준의 밥이다. 이런 콩 덩어리라고 해도 과언이 아닌 콩밥을 몇 개월에서 몇 년씩 먹어야 한다면 배가 고파서 먹기는 하겠지만 밥을 먹는다는 것 자체가 고역이었을 것이다.

그런데 옛날 교도소에서는 왜 재소자들에게 콩밥을 먹였을까? 음식 종류가 제한된 교도소에서 재소자의 영양도 고려해서 콩밥을 식사로 제공했을 것이라고 생각하는 사람도 있다. 상당히 인간적인 이야기지만 일제 강점기 때 교도소에 그렇게 인정이 넘쳐났을 리 없다.

콩밥이 얼마나 형편없는 식사였는지를 짐작할 수 있는 글이 1936년 4월 25일자 〈조선중앙일보〉에 실려 있다. 콩밥이라는 제목의 동시다.

콩밥을 보면 넌더리가 나요. 밤낮 우리는 내가 제일 싫어하는 콩밥만 짓지요. '엄마, 나 콩밥 먹기 싫어, 쌀밥 지어, 응?' 하고 졸랐더니 엄마는 '없는 집 자식이 쌀밥이 뭐냐. 어서 못 먹겠니?' 하고 부지깽이를 들고 나오셨어요. 나는 꿈쩍도 못 하고 안 넘어가는 콩밥을 억지로 넘겼지요. 해마다 쌀농사는 짓는데 밤낮 왜 우리는 콩밥만 먹을까요?

표현 방법은 상당히 낯설고 거칠지만 어쨌든 콩밥이라면 진저리를

치는 아이들의 심정과 일제 강점기 당시 콩밥에 대한 사람들의 인식을 엿볼 수 있다.

1924년 5월 11일자 〈시대일보〉라는 신문의 기사에도 콩밥 이야기가 실려 있다. 평양 교도소에서 식사량을 줄이는 바람에 일하던 죄수들이 배가 고파서 기절했다는 기사다. 콩밥 대신에 좁쌀로 지은 조밥을 제공했더니 배가 고파서 기절을 할 정도로 식사량이 줄었다는 것이다. 교도소에서 왜 콩밥을 제공했는지 이해할 수 있는 기사다. 바꿔 말하자면 값싸게 밥의 양을 늘리는 데 콩을 대신할 만한 작물이 없었던 것이다.

왜 역사 속 콩밥은 하나같이 부정적일까

콩밥을 영양 만점의 맛있는 밥으로 여기는 것은 콩 값이 비싸진 현대 이후의 일이다. 일제 강점기 때에도 콩밥은 사람들이 기피하는 음식이었지만 먼 옛날에도 콩밥은 가난한 사람들이 주로 먹었던 거친 음식이었다.

'두반곽갱'이라는 말이 있다. 콩밥과 콩잎으로 끓인 국이라는 뜻이다. 아주 변변치 못한 음식을 뜻하는 사자성어로 청빈한 생활을 의미한다. 우리나라 국어 교과서에 나오는 '한 소쿠리의 밥과 표주박의 물'이라는 뜻의 단사표음과 같은 뜻이다.

기원전에도 사람들이 콩밥이라면 치를 떨었는데 중국 한나라의 역사를 기록한 《한서열전》에 콩밥과 관련된 이야기가 나온다.

진시황이 죽고 나라가 혼란에 빠지자 초나라의 귀족이었던 항우가 부사령관이 되어 군사를 이끌고 진나라로 쳐들어갔다. 그런데 총사령관이 진나라 공격을 머뭇거리자 항우가 반발하는데 이때 명분으로 삼았던 것이 콩밥이었다.

폭군의 손에서 천하를 구해 나라를 안정시키려 군대를 일으켰는데 진나라를 공격하기는커녕 한곳에 머물며 앞으로 나아가지를 않는다. 지금은 나라가 황폐하고 백성은 굶주렸으며 병사들도 군량미가 다 떨어져 겨우 콩밥을 먹고 있을 뿐이다. 그럼에도 총사령관은 연회나 베풀어 손님을 맞고 있을 뿐, 콩밥을 먹는 배고픈 병사의 사기는 헤아리지 않고 있다.

이런 주장과 함께 반란을 일으켜 총사령관을 살해하고 자신이 대장군이 되어 진나라를 공격했다. 유방과 천하를 놓고 다투던 초한지의 영웅, 항우가 대장군이 된 것도 부하들에게 더 이상 콩밥을 먹일 수 없다는 것을 거사의 명분으로 삼았다. 콩밥을 먹는다는 자체만으로도 군대의 사기가 떨어질 정도였던 것이다. 역시 《사기》를 보면 가난한 사람들이 콩밥을 먹고 물을 마신다고 했으니 옛날 콩밥은 가난의 상징이었다.

그런데 옛날에는 왜 이렇게 콩이 흔했을까? 대두 콩의 원산지는 만주, 옛 고구려 땅으로 알려져 있다. 콩은 특별히 비료를 주지 않아도 척박한 땅에서 잘 자란다. 그러니 콩이 넘쳐 났기에 가난한 사람들이 콩을 먹고 살았고 교도소에서도 죄수들에게 콩밥을 줄 수밖에 없었다.

  콩에 대한 썩 곱지 않은 인식은 숙맥이라는 말에서도 엿볼 수 있다.
세상 물정 제대로 모르는 사람을 보고 숙맥이라고 한다. 어수룩한 사
람이라는 뜻인데 숙맥의 진짜 의미는 원래 콩과 보리라는 뜻이다. 한
자로 菽(콩 숙)과 麥(보리 맥)을 쓴다.

  글자 뜻만 놓고 보면 어리석다는 의미와 전혀 관계가 없을 것 같은
데 무슨 까닭으로 콩과 보리가 어수룩한 사람을 가리키는 단어가 되
었을까?

  숙맥은 사실 겉보기에도 확연하게 달라 보이는 콩하고 보리조차
도 구분하지 못한다는 숙맥불변에서 비롯된 말이다. 공부를 제대로
하지 못해 낫 놓고 기역 자도 모를 정도로 무식한 것과는 근본적으
로 다르게 어수룩한 사람을 가리킨다. 옛날 중국 고사에서 비롯된 말
이다.

기원전 6세기 중국의 춘추 전국 시대에 제후국이 었던 진나라의 여공이 정사는 돌보지 않고 주색만 밝히며 백성을 함부로 대했다. 참다못해 대신인 란 서가 주동이 되어 황제를 폐하고 새 황제를 세웠으 니 바로 진나라 도공이다. 도공은 쫓겨난 여공의 조 카로, 영특한 군주였지만 차남이었기 때문에 왕이 되는 과정에서 논란이 있었다. 숙맥은 이때 장남을 황제로 세워야 한다는 불만 세력에게 대신인 란서가 한 말에서 비롯 되었다.

제후국
봉건 시대에 일정한 영 토를 가지고 그 영내의 백성을 지배하는 권력을 가지던 사람을 제후라 고 하며, 제후가 다스리 거나 제후가 황제로부터 받아서 통치하는 나라를 제후국이라고 한다.

공자에게는 형이 한 명 있지만 지혜롭지 못해 숙맥조차도 구분을 하지 못한다. 고로 왕으로 세우는 것이 불가하다.

진 도공의 형이 콩과 보리조차도 구분하지 못하는 어수룩하고 세상 물정 모를 만큼 모자란 사람이기 때문에 왕으로 추대할 수 없다는 뜻 이다. 대신 열네 살에 불과하지만 똑똑하고 영특한 도공을 왕으로 추 대해 천하 통일의 꿈을 키우자는 것이었다. 숙맥이 엉뚱하게 어수룩 한 사람이라는 뜻으로 쓰이게 된 이유다.

나는 가짜 엄택주입니다

설흔 글 | 216쪽 | 10,000원 | 초판 2016년 10월

한정효는 노비 이천강을 보고 깜짝 놀랐다. 자신이 뼛속까지 양반이라 느꼈던 엄택주와 형제처럼 쏙 빼닮은 모습 때문이었다. 양반과 노비가 닮은 모습을 보고 한정효는 엄택주가 양반이 아닐지도 모든다는 의심을 하고 엄택주의 행적을 쫓기 시작한다. 〈조선왕조실록〉에 실린 노비 엄택주 이야기를 바탕으로 한 청소년 소설.
국립어린이청소년도서관 사서 추천도서

이상한 동거

김선희 글 | 212쪽 | 10,000원 | 초판 2016년 6월

중학교 3학년인 광민이는 중 3을 한 학기 남겨 놓은 여름에, 엄마가 입주 가사도우미로 가게 된 곳으로 또 전학을 간다. 그곳에서 강슬이란 아이가 나타나면서 광민이에게도 드디어 친구가 생겼다. 강슬이와 광민이는 자신들이 지은 은유(광민)와 지영(강슬)이란 이름으로 서로를 부르며 가까워지고, 급기야 강슬이는 광민이에게 사랑을 고백하는데…….

골든 보이

타라 설리번 글 | 전지숙 옮김 | 404쪽 | 12,800원 | 초판 2016년 5월

하보는 흑인이지만 노란 머리카락에 새하얀 피부를 가진 알비노 소년이다. 알비노의 시체 조각이 행운을 가져다준다는 미신 때문에 사람들은 하보를 죽이고 그 시체를 잘라 팔려고 한다. 하보는 무사히 살아남아 평범한 열세 살 소년으로 살아갈 수 있을까. 알비노로 태어나 살 권리조차 보장받지 못한 열세 살 소년의 벼랑 끝 탈출기!
2017 어린이도서연구회에서 뽑은 청소년 책 선정

누가 나를 죽였을까?

방지나 글 | 220쪽 | 9,500원 | 초판 2016년 1월

권력과 재력을 모두 갖춘 귀족 집안의 둘째 아들 영준은 병원에서 눈을 뜬다. 영준은 사고로 죽었다가 소생술을 받아서 되살아났지만 소생 쇼크로 모든 기억을 잃어버렸다. 영준은 병실에서 가족과 친구를 기다리지만, 아무도 찾아오지 않는다. 진실을 감추는 주변 사람들 사이에서 '자신'을 지키려는 소년의 치열한 성장기!

지성과 감성을 동시에 키워 주는 청소년 명품 소설들. 시간이 흘러도 변하지 않는 가치와 요즘 가장 주목 받고 있는 새로운 현상과 이념들을 소설적인 재미로 표현한 걸작들을 소개합니다. 주니어 김영사 청소년 문학은 책 읽는 즐거움뿐 아니라 지식과 교양을 동시에 쌓아 줍니다.

이름을 훔친 소년

이꽃님 글 | 216쪽 | 9,000원 | 초판 2015년 8월

"나는 내 이름을 잊었다. 그 순간 내 삶도 잃어버렸다." 용이는 경성역에서 '모던 보이'가 든 값비싸 보이는 가방을 훔쳤다. 그런데 가방에서 돈다발은커녕 창씨개명을 반대하는 전단지와 총이 나왔다! 도대체 이 가방의 정체는 무엇이며, 주인은 누구일까? 오직 먹고사는 게 전부였던 고아 소년이 창씨개명에 얽힌 사건을 통해 삶의 의미를 찾아가는 과정을 그린 창작 역사소설!
2016 아침독서 추천도서
2016 세종도서문학나눔 선정

루틴 씨

다비드 넬로 지음 | 김송송 그림 | 최이슬기 옮김 | 136쪽 | 10,000원 | 초판 2015년 4월

'네, 아니오'를 안 쓰려는 희한한 도전으로 안전하다 못해 지루하기까지 한 일상을 벗어나려는 루틴 씨! 한 중년 남자의 재밌으면서도 아슬아슬한 도전을 통해 '지금, 여기'가 왜 특별한지를 느끼게 한다.
2014 에데베 아동청소년문학상 수상작

메밀꽃, 운수 좋은 날, 그리고 봄봄

김유정 · 현진건 · 이효석 원작 | 연필로 명상하기 그림 | 124쪽 | 9,000원 | 초판 2014년 8월

한국 사람들이 가장 즐겨 읽고, 학교 시험이나 대입 수능 문제 등으로 단골 출제되는 우리나라에서 가장 유명한 단편 소설인 〈메밀꽃 필 무렵〉〈운수 좋은 날〉〈봄봄〉을 한 권에 담고 있는 단편 소설집. 요즘 독자들에게 낯선 시골의 풍경이라든지 전차가 막 다니기 시작한 서울의 모습들을 아름다운 그림으로 담아내 소설의 시대적 상황과 배경에 대해 이해를 도울 수 있도록 구성했다.

갈릴레오와 죽음의 코드

다비드 블랑코 라세르나 글 | 배상희 옮김 | 156쪽 | 9,500원 | 초판 2014년 3월

연쇄 살인 사건에 연루된 천재 물리학자 갈릴레오 갈릴레이! 죽은 지오반니의 이마에 암호 같은 문장이 나타나고, 갈릴레오는 그것이 다음 희생자의 이름이라는 것을 알아낸다. 과연 갈릴레오는 다음 희생을 막고, 연쇄 살인의 비밀을 밝힐 수 있을까?

청소년교양 17
21가지 음식으로 시작하는
하루 한입 세계사

1판 1쇄 발행 | 2017. 4. 24.
1판 7쇄 발행 | 2025. 1. 1.

윤덕노 글 | 염예슬 그림

발행처 김영사
발행인 박강휘
등록번호 제 406-2003-036호
등록일자 1979. 5. 17.
주   소 경기도 파주시 문발로 197(우-10881)
전   화 마케팅부 031-955-3100 편집부 031-955-3113~20
팩   스 031-955-3111

값은 표지에 있습니다.
ISBN 978-89-349-7779-7 43900

좋은 독자가 좋은 책을 만듭니다. 김영사는 독자 여러분의 의견에 항상 귀 기울이고 있습니다.
전자우편 book@gimmyoung.com | 홈페이지 www.gimmyoung.com

이 도서의 국립중앙도서관 출판시도서목록(CIP)은 서지정보유통지원시스템
홈페이지(http://seoji.nl.go.kr)와 국가자료공동목록시스템(http://www.nl.go.kr/kolisnet)에서
이용하실 수 있습니다. (CIP제어번호 : CIP2017008417)